우리 삶에 '훅' 들어온 다국적기업

글로벌 거대기업에 숨겨진 이야기

글로벌 거대기업에 숨겨진 이야기

2024년 5월 16일 초판 1쇄 발행

글 | 윤석천

책임편집 | 김세라
디자인 | 박정화, 김다솜
표지 그림 | 김휘승
마케팅 | 김선민
관리 | 장수댁
인쇄 | 정우피앤피
제책 | 바다제책

펴낸이 | 김완중
펴낸곳 | 내일을여는책

출판등록 | 1993년 01월 06일(등록번호 제475 – 9301)
주소 | 전라북도 장수군 장수읍 송학로 93 – 9(19호)
전화 | 063) 353 – 2289
팩스 | 0303) 3440-2289
전자우편 | wan – doll@hanmail.net
블로그 | blog.naver.com/dddoll

ISBN | 978-89-7746-890-0 43320

우리 삶에 '훅' 들어온 다국적기업

글로벌 거대기업에 숨겨진 이야기

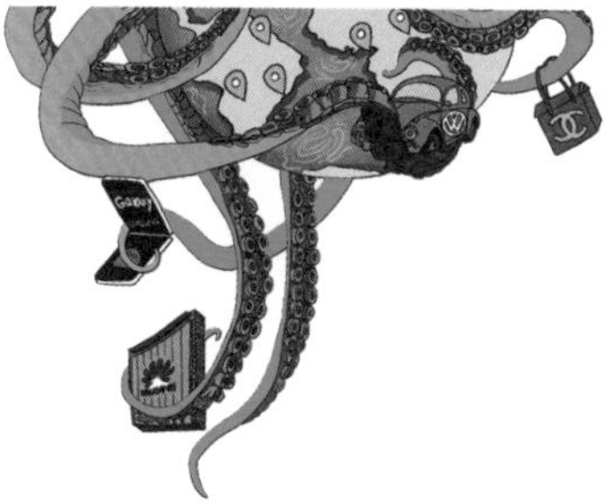

| 글 윤석천 |

내일을여는책

목 차

머리글

대전환의 시기입니다. 20세기 후반을 지배했던 이념과 사상은 21세기 들어 과거로 퇴행하고 있습니다. 학자들은 역사를 신뢰와 불신의 사이클로 보기도 합니다. 그런 의미에서 2010년 후반부터 불어닥친 '불신의 시대'는 피할 수 없어 보이기도 합니다. 대체 세상은 어떻게 변하고 있는 걸까요?

20세기가 '성장의 시대'라는 것에 이의를 제기할 사람은 많지 않을 겁니다. 세계대전이라는 참화를 겪었지만 일본, 독일 등은 눈부신 성장을 이뤄 선진국 반열에 올랐습니다. 뒤를 이어 수많은 신흥국이 빈곤에서 벗어났습니다. 논란은 있지만 이는 '세계화globalization' 덕분이었습니다. 세계화와 신자유주의는 20세기 후반을 상징합니다. 국가권력의 시장개입을 비판하고 민간의 자유를 중시하는 철학은 결국 물리적 국경을 무력화합니다. 무역과 자본자유화로 연결되면서 성장을 가시화했습니다. 이를 누가 만들었을까요? 힘을 가진 강대국들입니다. 이들은 자신들이 필요했기에 세계화를 강력히 밀어붙였습니다. 그렇기에 부작용이 없다고 단언할 수는 없습니다. 그럼에도 세계화로 인한 자본의 자유로운 이동과 무역 확대로 세계가 한층 풍요로워진 것은 분명합니다.

하지만 앞으로도 그럴까요? 21세기 들어, 지난 50년 동안 끊임없이 지속돼 온 세계화는 멈췄습니다. 이에 더해 '탈세계화' 혹은 '지역화' 조짐까지 여기저기서 감지되고 있습니다.

'브렉시트Brexit'는 이를 상징합니다. 영국은 유럽 통합 대신 지역화로 회귀했습니다. 미국도 다르지 않습니다. 여야를 불문하고 신고립주의와 보호무역주의를 옹호하고 있습니다. 미국과 중국은 서로를 견제하며 무역과 자본이동에 대한 장벽을 높이고 있습니다. 서구의 러시아 제재 역시 강화되고 있죠. 이는 무역과 자본자유화로 상징되는 세계화의 퇴조를 의미합니다. 세계는 이미 탈세계화 혹은 지역화의 길로 들어서고 있고, 이런 흐름은 과거의 경험으로 볼 때 최소 몇십 년간 지속될 것입니다.

글로벌 거대기업은 세계화를 등에 업고 승승장구했습니다. 냉전 시대에 굳게 닫혔던 시장이 세계화로 활짝 열리자, 이들의 시대가 본격화했습니다. 그런데 세계화가 후퇴하고 있습니다. 미 · 중 간의 패권전쟁, 러시아-우크라이나 전쟁으로 세계는 다시 서로에게 문을 닫고 있습니다. 1960년대의 냉전 시대가 다시 연출되고 있습니다. 그에 따라 글로벌 거대기업이 무한 팽창하던 시대 역시 저물고 있습니다. 하지만 기업의 이익 추구 욕망 자체를 완전히 멈춰 세우진 못할 겁니다. 이들의 세계화 · 다국적화는 시장이 있는 한 계속될 겁니다. 다만, 그 행보에 장벽이 생긴 건 분명합니다.

세계화를 '세계인의 질적인 동조화'로 정의하는 한, 그것은 신뢰 없이는 이룰 수 없습니다. 많은 논란과 비판이 있지만 세계화를 관통하는 철학은 그래서 신뢰입니다. 그런데 그것이 무너지고 있습니다. 현재 세계는 신뢰 대신 불신, 협력보다는 불화의 길로 접어들고 있습니다. 불행한 일이지만, 인류 역사는 가끔 퇴행을 보입니다. 지금이 그렇습니다. 하지만 우리는 인류의 지성을 믿어야겠죠. 역사의 수레바퀴를 완전히 뒤로 돌릴 수는 없습니다. 멈칫하는 듯해도 역사는 진보합니다.

윤석천

1장

다국적기업이란?

"저는 한국인입니다."

누군가가 이 말을 했을 때 그 안엔 다양한 의미들이 내포되어 있을 수 있습니다. 한국인이라 자랑스럽다, 부끄럽다, 행복하다, 슬프다 등등. 이 말을 듣는 이는 앞뒤 정황을 통해 추측할 수밖엔 없겠지요. 다만, 이 말에서 굳이 생각하지 않아도 확실하게 알 수 있는 게 한 가지 있습니다. 그것은 바로 말한 이의 '국적'입니다.

일반적으로 우린 국적을 자연적으로 얻은 결과물이라 생각합니다. 대부분은 자신의 국적을 자신의 의지와는 상관없이 취득하기 때문입니다. 부모의 국적을 그대로 따르거나, 자기가 태어난 나라의 국적을 갖는 게 당연하기 때문입니다. 부모의 국적이 '한국'이고 태어난 곳이 한국이라면 한국이란 국적은 나의 국적이 됩니다. 유전이 되듯 말입니다.

하지만 국적은 자연적 결과물이 아닌 인위적 결과물입니다. 유전자는 바꿀 수 없지만 국적은 얼마든지 바꿀 수 있습니다. 국적이란 용어가 정치 · 법률적 용어이자 개념이기 때문이죠. 이는 누군가가 법적 권리를 행사할 수 있는 나이가 되면 국적을 바꿀 수 있다는 얘기이기도 합니다.

국적이란 특정 개인이 법률상 특정 국가의 구성원이 되는 자격을 말합니다. 법률상 자격이기 때문에 해당 국가의 법률이 허락한다면 국적을 버릴 수도, 취득할 수도 있습니다. 미국인이 되고 싶다면 미국 법률이 정한 자격을 갖추어 신청하면 미국 국적을 얻을 수 있다는 얘기입니다.

특정인은 한 개의 국적만을 가질 수 있는 걸까요? 반드시 그렇지는 않습니다. 두 나라 이상의 국적을 가질 수도 있습니다. 이들을 보통 '다중국적자'라 합니다. 두 나라 이상의 국적을 소유한 사람들입니다.

법률상 권리 · 의무의 주체는 사람 즉 자연인만이 아닙니다. '법인'이란 말을 들어봤을 겁니다. 한자로 '法人'이라 쓰는데 이는 법적으로 인격을 부여받은 주체라는 뜻입니다. 다시 말해, '법률에 따라 권리능력이 인정된 단체 또는 재산, 법적인 독립체'를 말합니다. 쉽게 말해, 자연인과 같이 법률에 따라 인격을 부여받은 주체를 의미합니다. 법인 자격을 얻으면 자연인과 같이 법적 권리 · 의무의 주체가 됩니다.

법인에는 많은 종류가 있습니다. 그중에서도 우리가 주목해야 할 건 영리법인입니다. 영리법인이란 상법상 회사를 말합니다. 그중 가장 일반적인 형태는 바로 '주식회사' 입니다. 오늘날 기업 형태의 대부분은 주식회사입니다. 특히, 우리가 익히 알고 있는 회사들 거의 전부는 주식회사입니다. 즉, 영리법인입니다.

다국적기업이란?

왜 기업 앞에 '다국적'이란 단어가 붙어있는 거야?

눈치 빠른 독자들은 이제 눈치챘을 겁니다. 왜 굳이 국적 얘기를 장황하게 했는지 말입니다. 맞습니다. 다국적기업multinational corporation이란 국적을 여러 개 갖고 있는 기업을 말합니다. 몇 가지 조건은 필요하겠지요.

우선 복수의 국적을 가지려면 덩치가 커야 할 겁니다. 세계 각지에서 해당국 법률을 충족하는 법인격을 취득하려면 규모가 있어야 합니다. 여러 나라에 법인을 세우려면 돈과 사람 등 자원이 필요하겠지요. 자원이 빈약한 조그만 기업이 여러 나라에 법인을 두기는 현실적으로 어려울 겁니다. 일반적으로 다국적기업이 대기업인 경우가 다수인 이유입니다.

둘째, 단순히 해외에 지사를 갖고 있는 경우는 엄밀히 말해 다국적기업이라 할 수 없습니다. 특정 개인이 여러 나라에서 생활하고 있다고 해서 그를 다국적자라 하지 않는 것과 같습니다. 일 년 중 절반은 미국에서 생활하고 절반은 한국에서 살고 있는 사람을 다국적자라 하지 않습니다. 양국 모두에서 국적을 취득하였을 때, 다시 말해 법적 지위를 확보한 경우에만 그를 다국적자라 부릅니다. 마찬가지입니다. 특정 기업이 단순히 해외에 지사를 갖고 있다는 이유만으로 다국적기업이라 할 수 없습니다. 중요한 건 그 지사가 해당국에서 법인격을 획득했느냐 여부입니다. 법인격을 획득했다면 다국적기업이고, 그렇지 않다면 다국적기업이라 할 수 없습니다.

현실적으로 기업 활동은 말로 헤아릴 수 없을 정도로 다양합니다. 기획, 생산, 판매, 물류, 고용 등등. 특정 기업이 해외로 진출하려는 목적 역시 다양합니다. 인건비가 낮은 국가에서 생산하는 것이 목적일 수도 있고 진출국에서의 자사 제품 판매가 유망할 것이란 판매 전망 때문일 수도 있습니다. 혹은 세금이 적기 때문일 수도 있을 거고 인근 국가로의 진출이 쉽기 때문일 수도 있습니다. 핵심은 이런 다양한 활동을 위해서는 특정국, 즉 진출하려는 나라의 법률을 준수해야 한다는 것입니다. 또, 법적 지위를 얻기 위해서는 법인 설립이 필수적이기도 합니다. 따라서 기업 대부분은 진출하려는 국가에 법인격 취득을 위한 법인을 설립하게 됩니다.

우리는 흔히 다국적기업이라 하면 거대기업만 생각하지만, 반드시 그렇진 않습니다. 다국적기업에는 중소규모의 기업들도 해당합니다. 여러 국가에 법인을 갖고 있으면 다국적기업이라 할 수 있습니다.

다만, 우리가 다국적기업을 들여다봐야 하는 이유가 있습니다. 다국적기업이 미치는 사회 · 정치 · 문화적 영향 때문입니다. 영향력은 조그만 기업보다는 덩치가 큰 대기업이 훨씬 클 것입니다. 실제로, 우리 사회에 어떤 식으로

든 영향을 주는 다국적기업은 초거대기업들이 대부분입니다. 그래서 우리는 다국적기업이라면 거대기업만을 연상하게 됩니다. 애플, 삼성, 테슬라, 코카콜라, 맥도날드, 스타벅스 등등. 하지만 엄밀히 말하면 다국적기업은 셀 수 없이 많습니다. 세계화로 경제 국경이 무너진 오늘날 어쩌면 대부분 기업은 다국적기업의 꿈을 꾼다고도 할 수 있을 겁니다.

다국적기업과 초국적기업

다국적기업은 알겠는데, 초국적기업은 또 뭐지?

다국적기업은 비교적 익숙한 단어입니다. 하지만, 초국적기업이란 단어는 처음 들어보는 사람들이 있을 겁니다. 영어로는 'transnational corporations'라 합니다. 'trans'란 '넘어서' '꿰뚫어' '초월하여' 등의 뜻을 갖지요. 초국적기업이란 국적을 초월한 기업을 말합니다. 이는 매우 중요한 개념입니다.

일반적으로 다국적기업은 특정국에 본사가 있으며 해외에 지사를 둡니다. 지사는 본사의 통제를 받습니다. 특히, 기업의 핵심적인 의사결정, 연구개발, 생산 기능 등은 본사가 직접 지휘합니다. 이때 본사와 지사는 일종의 상하 · 종속 관계를 맺는 게 일반적입니다.

초국적기업은 다릅니다. 해외 지사가 본사가 가진 기능 대부분을 수행할 수 있는 권한을 갖습니다. 핵심부품 생산, 연구개발, 주요 의사결정을 독립적으로 합니다. 본사와 지사는 수평적 · 독립적 관계를 맺는 게 일반적입니다. 각 지사는 본사가 위치한 국가의 국적과 비교적 무관하다는 의미이기도 합니다. 지사는 본사가 있는 국가의 정치 · 경제 · 문화 · 사회적 영향에서 벗어나 자유롭게 의사결정을 합니다.

사실, 다국적기업들은 급속히 초국적기업으로 변신하고 있습니다. 오늘날 초거대기업 대부분은 초국적기업이라 할 수 있습니다. 다국적기업이 초국적기업으로 전환하는 데는 이유가 있습니다.

특정국 상황은 그 지역에 머무는 사람이 제일 잘 알겠지요. 한국의 상황은 일반적으로 한국인이 잘 압니다. 특정 국가에 진출한 지사가 본사보다 그 나라의 상황을 잘 아는 건 어쩌면 당연합니다. 한 나라의 정치 · 경제 · 사회 · 문화적 현상은 기업의 의사결정에 중대한 영향을 미칩니다. 이런 변화를 제일 잘 알고 있는 지사가 본사보다 한발 빠르게 더 정확한 의사결정을 할 수 있을 겁니다. 기업은 생산성 향상을 위한 조직입니다. 초국적기업이 다국적기업보다 생산성 향상 측면에서 장점이 있는 건 자연스럽습니다. 이는 결국 다국적기업의 초국적기업화로 연결되고 있다고 봐야 합니다.

대표적인 초국적기업을 꼽자면 네슬레가 있습니다. 스위스 기업이지만 전략적 의사 결정은 본사가 아닌 각 해외 지사들이 내립니다. 나이키 역시 기업의 핵심 활동 중 하나인 연구개발을 해외 지사들이 진행합니다. 패스트푸드사들 역시 대표적인 초국적기업입니다. 지사별로 해당국의 문화적 특성을 반영해 독립적인 메뉴들을 선보이고 있지요. 한국 치킨 업체들이 대표적입니다. 한류를 등에 업고 동남아 등에 진출한 기업들이 현지 입맛을 고려한 특화 메뉴를 선보이고 있습니다. 로제 국물 떡볶이가 탄생한 배경입니다.

세계화로 국가별 차이는 옅어지고 있습니다. 그렇다고 국가별 차이가 완전히 사라질 수는 없습니다. 오랜 전통은 쉽게 없어지지 않지요. 나라마다 국민성도 다르고 문화적 특성도 다릅니다. 기업으로서는 각국의 특성을 명확히 이해하고 이에 걸맞은 의사결정을 해야 할 필요성이 커지게 되겠지요. 이것이 다국적기업을 넘어 초국적기업이 생겨나는 원인이라 할 수 있습니다.

다국적기업과 글로벌기업

'글로벌기업'이란 말을 자주 들을 수 있습니다. 국어사전은 글로벌기업을, '세계를 무대로 큰 규모로 회사를 거느리고 물건을 생산, 판매하는 기업'이라 정의합니다. 하지만 이 정의는 완벽하지 않습니다. 구글과 같이 서비스를 만들어 판매하는 기업은 빠져 있습니다. 게다가 다국적기업과의 차이도 명확히 설명하지 않습니다. 그렇다면 글로벌기업은 무엇을 말하는 걸까요?

- 글로벌기업은 규모에서 다국적기업과 차이가 납니다. 일반적으로 다국적기업에 비해 더 많은 국가에 진출해 영업합니다.
- 글로벌기업은 다국적기업에 비해 강화된 중앙집중식 운영체제를 취합니다. 맥도날드가 대표적인데 국가별로 조리법에 차이가 없습니다. 코카콜라 역시

마찬가지입니다. 이들 회사는 현지 문화와 관계없이 같은 재료와 제조 공정을 통해 제품을 생산합니다. 비즈니스 모델 역시 현지에 적응해 바꾸는 게 아니라 본사의 기존 모델을 해당 국가에 그대로 적용합니다.

- 다만, 제품 판매를 촉진하기 위해 마케팅 방식은 바꿉니다. 제품은 일관되지만, 홍보·광고 등 마케팅은 해당국의 문화적 규범에 맞게끔 조율합니다.
- 두 기업 간의 가장 큰 차이점은 다국적기업은 지사가 더 많은 자율성을 갖지만, 글로벌기업은 중앙집중화된 모델을 갖는다는 것입니다. 다국적기업은 개별 시장에 맞게 운영 방식을 바꾸고 제품에도 변화를 줍니다. 이에 비해 글로벌기업은 개별 시장 모두가 같은 제품을 팔고 같은 운영 방식을 취합니다.

다국적기업, 초국적기업, 글로벌기업의 차이

학문적으로 보면 이들 기업은 분명 다릅니다. 중앙집중도를 보면 글로벌기업 〉 다국적기업 〉 초국적기업 순입니다. 규모에서도 약간 차이가 있습니다. 글로벌기업이 다국적기업에 비해 진출국 수가 더 많습니다. 초국적기업은 지사를 두는 차원이 아니라 해외 직접투자를 통해 다수의 국가에 진출합니다. 다시 말해, 현지화에 초점을 맞춘 개념입니다. 그 결과 의사결정 권한이 진출국의 현지법인에 있습니다. 분권화에 방점이 찍힌 개념입니다.

혼란스러울 겁니다. 하지만, 규모나 진출국의 숫자, 중앙집중도 등으로 기업을 분류하는 건 그리 중요하지 않습니다. 명확히 구분하기도 쉽지 않습니다. 그 형태가 어떻든 모든 기업은 어느 정도의 자율성을 갖고 있습니다. 지사라고 해서 본사의 통제에 따라 모든 일을 처리하지도 않습니다. 맥도날드는 글로벌기업이고 아디다스는 다국적기업이라 구분하는 건 학문적으로는 의미가 있을지 모르지만, 일반인에겐 중요치 않습니다. 우리가 관심을 가져야 할 건 국경을 초월해 영업하는 이들 기업이 우리 삶에 미치는 영향일 겁니다.

그런 의미에서 이 책에서는 용어를 통일해 쓰겠습니다. 국경을 넘어 여러 국가에서 활동하는 모든 기업은 다국적기업이라 부르겠습니다.

세계화와 다국적기업

점심으로 맥도날드 햄버거를 먹고 스타벅스 커피를 마신다. 애플 스마트폰으로 뉴스를 보고 카카오톡으로 외국에 있는 친구에게 안부 인사를 전한다. 페이스북과 트위터로 지인들과 소통하고 저녁엔 호주산 소고기 스테이크를 먹는다. 입고 있는 옷이나 신발 대부분은 유명 외국회사 제품이다.

보통 사람의 일상입니다. 특별하다고 할 수 없죠. 한국인만이 이런 삶을 살고 있는 건 아닙니다. 문명화된 국가의 시민이라면 대부분 같은 방식으로 삽니다. 우리가 모르는 사이, 국적이나 피부색과 무관하게 세계인의 삶은 질적으로 비슷해지고 있습니다. 세계화의 결과입니다.

세계화란 단어를 들어봤을 겁니다. 세계가 하나가 되어가는 과정이라 정의할 수 있습니다. 하나가 된다는 것은 정치, 경제, 문화 등 사회 각 분야에서 국가 간 교류가 증가하여 개인과 사회집단이 갈수록 비슷해져 간다는 의미를 담고 있습니다. 얼핏 국제화와 비슷한 것으로 오해할 수 있습니다. 하지만 국제화Internationalization는 국민 · 국가 간의 교류가 양적으로 늘어나는 현상을 말합니다. 이에 비해 세계화는 양적 교류 확대를 넘어 질적으로 서로 닮아간다는 뜻을 담고 있습니다.

질적으로 서로 비슷한 목소리를 내려는 시도는 쉽게 목격할 수 있습니다. 대표적인 게 기후변화에 대한 세계의 공동 대응 노력입니다.

최근 지구촌의 최대 화두는 기후변화입니다. 코로나바이러스의 창궐 역시 과학자들은 기후변화가 원인이 됐을 것이라 주장합니다. 기후변화 · 보건 국제연구공동체 랜싯카운트다운Lancet Countdown은 2021년 10월 20일 "기후변화로 인해 더 많은 전염병은 불가피하다"라고 경고했습니다. 국제사회는 이에 대한 대응책으로 유엔 주재로 기후변화협약 당사국총회를 개최합니다. 2023년 12월 아랍에미리트UAE 두바이에서 열린 28차 총회에는 무려 198개국이 참여했습니다.

이런 식으로 특정 사안에 세계의 모든 나라가 공동 대응을 하는 게 세계화의 대표적인 사례입니다. 기후변화는 어느 한 나라 혼자 해결할 수 없는 지구촌 전체의 문제입니다. 각국이 일치된 목소리를 내지 않으면 해결이 어려운 문제지요. 세계화를 통하지 않으면 해결할 수 없을 겁니다.

사실, 유엔 등 수많은 국제기구는 일종의 국제표준global standard 즉 국제 규범 · 표준 · 준칙을 만드는 조직이라 할 수 있습니다. 세계화를 위한 전위조직이라 할 수 있는 겁니다.

2023년 28차 기후변화협약 당사국총회 연사들(출처: 위키미디어)

세계화라는 꿈

전 어렸을 때 수많은 꿈을 꿨습니다. 그중에서도 세계를 여행하는 건 생각만으로도 가슴이 뛰는 일이었습니다. 《80일간의 세계 일주》란 책을 읽으며 언젠가는 전 세계를 여행하고야 말겠다고 다짐하곤 했지요. 하지만 한 살 한 살 나이를 더할수록 수많은 장벽에 부딪혔습니다. 돈도 문제였지만 가장 큰 어려움은 언어 장벽이었습니다.

"모든 나라가 하나의 말만 사용한다면 얼마나 좋을까?"

세계화가 국경이 무너진 일치된 사회를 지향하는 거라면 누구든 그런 꿈을 꿔봤을 겁니다. 이런 꿈을 현대인만 꿨을까요? '저 바다를 건너면, 저 산을 넘으면 어떤 세계가 있을 것인가?'란 꿈은 인류 역사와 함께했을 겁니다.

세계화는 새로운 개념이 아닙니다. 인류의 진화 과정과 함께해왔습니다. 세계화란 결국 세상 모든 것의 교환 · 공유를 의미합니다. 재화와 서비스는 물론 철학, 사상, 문화 등이 포함됩니다. 이는 어쩌면 과거에 더 절박했을 수도 있습니다. 분명한 것은 이런 인류의 염원은 교통, 물류, 커뮤니케이션 도구가 혁신적으로 발달한 20세기 이후 증폭되었다는 것이지요.

생각해보십시오. 교통수단이 발달하지 않은 19세기만 해도 다른 나라에 가는 것은 감히 엄두도 못 냈습니다. 소수의 사람만이 타국을 경험할 수 있었지요. 하지만, 오늘날에는 많은 이들이 해외여행을 경험합니다. 설사 물리적 여행을 못 한다 해도, 얼마든지 간접 체험을 할 수 있습니다. 인터넷을 통하면 프랑스 파리의 루브르박물관도, 미국 뉴욕의 쇼핑가도, 아프리카의 사파리도 옆 동네 방문하듯 경험할 수 있습니다. 다른 국가의 사람들과 의사소통 역시 마음만 먹으면 언제든 가능합니다. 동시에 어떤 물건이든, 그것이 어느 나라에 있든, 구할 수 있습니다. 세상 모든 것의 교환 · 공유 · 공감이 가능한 세계화 시대가 가능했던 이유입니다.

다국적기업의 등장

다국적기업의 기원을 찾는 일은 어쩌면 어리석은 일일 수 있습니다. 인류는 태초부터 이익 추구 활동을 했으며 서로 다른 종족끼리 물물교환을 하고 소통했습니다. 물론 현대적 의미의 기업이라 할 수는 없지만 사람 · 종족 간의 교환 · 소통 행위는 분명히 존재했습니다. 하지만, 이를 현대적 의미의 다국적기업이라 할 수는 없습니다. 영리를 목적으로 하는 회사에 의한 교환 · 판매 행위가 아니었고 국가란 개념조차 없었기 때문입니다.

현대적 의미의 다국적기업은 17세기 초에 시작됩니다. 다국적기업이 왜 그때 등장했을까요?

식민주의Colonialism란 말을 들어봤을 겁니다. 식민주의는 일반적으로 국력이 우위에 있는 민족이나 국가가 다른 민족이나 국가를 지배하는 정책을 말합니다. 식민주의 역시 인류 역사와 함께했습니다. 이는 과언이 아닙니다. 인간의 집합체인 국가나 종족 혹은 민족은 인간의 본성에서 벗어날 수 없습니다. 인간 본성 중 하나가 지배욕입니다. 타인의 위에 서려는 욕망은 거의 천성이라 할 수 있습니다. 식민주의는 이런 인간의 본성이 표출된 대표적 사상이라 할 수 있습니다. 인류 역사는 전쟁의 역사라 해도 지나치지 않습니다. 2022년 초 발발한 러시아의 우크라이나 침공이 좋은 예입니다. 그 본질엔 타인보다 우위에 서려는 식민주의가 자리하고 있습니다.

2022년 2월 24일, 우크라이나로 향하는 러시아 군대(출처: 위키미디어)

타국을 지배하려는 식민사상이 하나의 '주의'로 본격화한 것은 15세기 후반부터입니다. 당시 포르투갈, 스페인, 영국, 네덜란드 등 유럽 각국은 아메리카, 아프리카, 인도양 등 세계 여러 지역을 경쟁적으로 정복했습니다. 정복의 목적은 경제적 이득을 추구하기 위해서였지요. 금, 상아, 향료, 노동력 등을 착취하는 게 목적이었습니다.

다국적회사는 이런 식민주의를 등에 업고 본격화합니다. 동인도회사가 최초의 다국적기업입니다. 동인도회사는 17세기 초 영국, 프랑스, 네덜란드 등이 인도에 세운 회사입니다. 당시 향료가 유럽에서 대단한 인기를 끌었는데 그중에서도 후추는 금과 비슷한 가치를 가진 귀한 물건이었습니다. 후추는 인도에서 생산됐습니다.

지금은 인도에서 유럽대륙으로 후추를 운송하는 게 어려운 일이 아닙니다. 화물선으로 바다를 건너 운반하는 건 쉬운 일입니다. 하지만, 당시는 달랐지요. 배로 운반하는 건 지금과 같지만, 그 당시의 배는 열악했습니다. 태풍과 같은 자연재해에 취약했습니다. 배가 침몰하는 경우가 많아 후추를 무사히 싣고 온 배는 막대한 이익을 챙길 수 있었습니다. 반면, 후추 운송에 실패한 사람은 쪽박을 차기 일쑤였지요. 이에 사람들은 머리를 맞대고 묘안을 짜

런던에 있던 영국 동인도회사의 본사(출처: 위키미디어)

냅니다. 서로 조금씩 투자금을 나눠 내 여러 척의 배를 띄우고 그 가운데 성공한 배의 이익을 나누는 형태의 합작회사를 설립합니다. 위험을 분산시키는 전략을 택한 겁니다. 이로써 도박에 가까운 사업이 위험과 이익을 나누는 합리적 사업으로 변신한 겁니다.

이것이 바로 동인도회사의 시작이었습니다. 이 회사는 인도만을 대상으로 하지 않았습니다. 아메리카대륙 등 유럽 각국의 식민지에 진출하여 무역하는 본격적 다국적기업으로 진화합니다. 말이 무역이지 사실은 식민주의에 기반을 둔 착취라고 보는 게 옳겠지요.

현대적 의미의 다국적기업

그런데 '다국적기업'이란 단어를 처음으로 쓴 사람은 누구지?

다국적기업이란 용어를 처음으로 사용한 사람이 누구인지, 어느 나라 사람인지는 다국적기업을 이해하는 데 매우 중요합니다. 이 용어는 미국인인 데이비드 릴리엔솔David E. Lilienthal이 처음 썼습니다. 1953년에 출간한 《대기업: 새로운 시대Big Business: A New Era》에서 처음으로 언급했는데 그는 법률가이면서 미국 뉴딜정책을 계획한 인물입니다.

1937년 데이비드 릴리엔솔(출처: 위키미디어)

20세기는 미국의 시대였습니다. 미국은 두 차례의 세계대전을 통해 세계 최고의 경제력을 갖게 됩니다. 반면, 영국을 포함한 유럽은 전쟁으로 피폐해집니다. 이 과정에서 자연스레 세계 패권은 유럽대륙에서 미국으로 이동하게 됩니다. 미국의 힘을 업은 다국적기업이 만개한 배경입니다.

제2차 세계대전 이후 미국 대기업들은 유럽에 대거 진출합니다. 두 차례의 전쟁은 영국을 비롯한 유럽대륙을 파괴했습니다. 복구를 위해선 천문학적인 비용이 들어갑니다. 한데, 돈이 없었습니다. 여기서 돈이란 이미 기축통화로 자리한 미국 '달러'를 말합니다. 이상한 일이지요. 당시 영국은 자국 통화 '파운드'가 있었고 독일은 '마르크'가 있었습니다. 하지만 이 돈들은 가치가 너무 낮았습니다. 전후 재건에 필요한 물품을 거의 살 수 없었습니다. 물건을 파는 쪽에서는 미국 달러를 받으려 했습니다. 이해가 쉽지 않지요. 하지만 최근 상황을 보면 이해할 수 있을 겁니다. 2022년 초 러시아의 우크라이나 침공 후 러시아 통화 '루블'은 가치가 폭락했습니다. 어느 나라도 루블을 결제 대금으로 받으려 하지 않았죠. 심지어 러시아인들도 루블을 달러로 바꾸려 애썼습니다. 서방의 제재로 인해 러시아의 경제난이 심화하면 러시아가 '국가부도'를 선언할 수 있다는 우려 때문이었습니다. 지금은 그때보다는 좀 나아졌지만, 여전히 루블의 가치는 전쟁 전의 수준으로 회복되지 않은 상태입니다. 당시 상황도 이와 같습니다. 피폐한 유럽 국가들이 언제든 부도를 낼 수 있다는 걱정 때문이었습니다.

이런 상황에서 누군가가 투자해 기업을 세운다면 그보다 더 좋을 수는 없었겠지요. 실업, 물자 부족 등이 일거에 해결될 수 있으니 말입니다. 당시 여력이 있던 국가는 미국밖에 없었습니다. 게다가 미국은 기축통화국이니 유럽으로선 반길 수밖에 없었지요. 미국 기업의 직접투자는 가뭄 속의 단비와 같았을 겁니다. 유럽이 미국 기업의 투자를 적극적으로 환영한 배경입니다. 당연히 미국 기업의 유럽에 대한 직접투자가 늘 수밖에 없었지요. 다국적기업들이 대거 생겨난 이유입니다.

미국 기업의 직접투자가 봇물이 터진 또 다른 이유도 있습니다. 생산 기반이 무너진 유럽에 미국산 제품이 홍수처럼 밀려듭니다. 유럽의 우려는 클 수밖에 없었지요. 어떤 국가든 핵심 국가 산업을 타국 기업이 장악하는 걸 반기지는 않을 겁니다. 전쟁으로 산업 기반이 붕괴한 자국 시장에서 미국산 제품이 절대적 우위를 보이는 걸 좋아할 유럽 국가는 없겠지요. 기간산업은 물론 경제 전체가 미국의 지배하에 들어갈 수 있다는 불안감이 점차 커졌고, 이는 수입 제한 조치 강화로 이어집니다. 미국 기업으로서는 현지 직접투자를 통해 이런 무역장벽을 해소할 필요가 생겼습니다. 제품 수출과 동시에 유럽에 대한 직접투자와 진출이 늘어난 배경입니다.

직접투자란 특정 국가의 기업이 다른 나라에 현지법인을 세우거나 다른 나라 기업의 인수합병을 통해 경영에 직접 참여하는 행위를 말합니다. 쉽게 설명하면, 자국이 아닌 타국에 기업을 설립하거나 타국 기업을 인수해 제품과 서비스를 생산하는 것을 말합니다. 맥도날드나 스타벅스가 한국에 지사를 만들고 한국에서 햄버거나 커피를 생산해 판매하는 것이 바로 직접투자입니다. 나이키가 동남아에 공장을 세워 운동화 등을 생산하는 것도 마찬가지입니다. 삼성전자가 베트남에 공장을 세워 핸드폰을 만드는 것도 같습니다.

기업의 국외 직접투자가 늘어난다는 것은 곧 국외에 법인을 세워 영업활동을 하는 일이 늘어난다는 뜻입니다. 바로 다국적기업이 증가한다는 것을 의미합니다. 유럽대륙에 대한 미국 기업의 직접투자가 크게 늘었다는 얘기는 곧 현대적 의미의 다국적기업이 다수 출현했다는 것을 뜻하는 거지요.

냉전 시대와 팍스 아메리카나

20세기는 미국의 시대이기도 했지만, 독주 체제는 아니었습니다. 제2차 세계대전 이후 세계는 크게 양분됩니다. 미국이 대표하는 자본주의와 소련이 주도하는 공산주의 체제는 세계를 둘로 나누며 치열한 경쟁을 합니다. 이른바 냉전은 20세기 후반 내내 지속됩니다. 이 전쟁의 승리는 미국의 핵심 목표였습니다.

미국은 자본주의 진영의 대표로 서구와 협력해야 할 필요성이 절실했습니다. 세계대전 이후 일본, 독일 등 구舊제국주의 국가는 연합국 점령하에 놓이게 됩니다. 이들 패전국의 상황은 심각했습니다. 유럽의 승전국들 역시 사정은 별반 다르지 않았습니다. 전쟁에서 이겼든 졌든 상흔은 깊을 수밖에 없었지요. 이들 국가를 방치하면 미국은 소련과의 체제 경쟁에서 우위에 설 수 없었습니다. 미국으로서는 원조해서라도 이들 국가의 재건에 적극 나설 수밖에 없게 됩니다. 이들 국가의 재건이 미국의 이익에 부합했기 때문입니다. 1960년대 이후 미국의 타국에 대한 원조는 이른바 '팍스 아메리카나Pax Americana'를 위한 포석이었습니다.

라틴어 팍스Pax는 '평화'라는 의미입니다. 국제 정치에서 중심국의 지배로 주변국이 평화를 유지한다는 뜻으로, 팍스 아메리카나는 제2차 세계대전 이후 미국이 강력한 국력을 바탕으로 국제 평화 질서를 이끈 것을 뜻합니다. 이때 평화는 중심국의 군사적 개입이나 경제적 통제를 통해 이뤄지게 되는데 이로써 패권주의 체제가 완결되는 것을 말합니다. 팍스 아메리카나란 또 다른 의미의 미국 패권주의 완결을 뜻한다고 할 수 있겠지요.

경제적 원조는 '마셜 플랜Marshall Plan'을 통해, 군사적 개입은 '나토NATO, 북대서양조약기구' 창설을 통해 이뤄집니다. 마셜 플랜의 공식적 명칭은 '유럽부흥계획'입니다. 제2차 세계대전 이후 황폐해진 유럽 동맹국을 돕기 위해 미국이 계획한 유럽 재건 · 원조 계획을 말합니다. 당시 미국 국무장관이었던 조지 마셜의 이름을 따 마셜 플랜이라고 합니다. 이 계획은 1947년에 수립되었고 나토 창설은 1949년에 이뤄지게 됩니다. 나토는 소련의 팽창을 막기 위한 서방 국가 간의 군사 동맹체입니다. 결국 미국은 이 둘을 통해 서구 세계에 대한 영향력을 극대화하게 됩니다.

1997년 마셜 플랜 50주년을 기념하여 독일에서 발행된 기념우표
(출처: 위키미디어)

경제적 지배력을 강화하기 위해서는 미국 기업의 해외 진출이 필수입니다. 재건을 위한 협조와 원조의 전위 역할에 기업만큼 좋은 게 없습니다. 이런 배경을 등에 업고 미국 기업의 다국적화는 날개를 달게 됩니다.

하지만 한계가 있었습니다. 냉전 시대 세계질서는 40년 정도 매우 명확했지요. 미국과 나토 동맹, 거기에 일본과 오스트레일리아 등 몇 개 국가가 한 편이었고, 소비에트연방과 동유럽이 한 편이었습니다. 국제 무역과 문화

교류 대부분은 이 두 블록 내에서 발생했습니다. 이들 양 진영 간의 무역 거래는 매우 적었습니다. 정치와 경제 질서 역시 극명하게 차이가 났습니다. 한쪽은 민주적이고 시장 지향적이었던 데 반해 다른 쪽은 전체주의 질서와 중앙계획경제 체제였습니다.

이 양 블록에 속하지 못한 국가들은 일종의 변방이었습니다. 아시아와 아프리카, 라틴아메리카 등 나머지 국가들은 중요한 위치를 차지하지 못했습니다. 경제적으로도 군사적으로도 그랬습니다. 오죽했으면 '제3세계'라 했을까요. 당시 세계는 미국과 소련을 축으로 한 양극 체제였습니다. 이런 상황에서 기업의 다국적화 역시 한계가 명확했겠지요. 자신들 블록으로만 확장됐을 뿐, 이른바 제3세계라 불리는 국가로는 퍼지지 못했습니다.

통신과 운송 기술의 진보

세계화가 이뤄지려면 실시간 통신과 빠른 운송이 가장 필요한 것 아닌가?

그렇습니다. 세계화의 전제조건은 실시간 통신과 빠른

운송입니다. 의사소통이 이뤄지지 않고 물품 운송이 빠르게 이뤄지지 않으면 세계화는 불가능하겠지요.

1960년대 들어 통신과 운송 수단의 비약적 발전이 이뤄지게 됩니다. 이른바 지구촌이 하나가 되는 세계화의 전제조건은 인적 · 물적 자원의 자유로운 전파 혹은 유통에 있습니다. 그런 의미에서 통신과 운송 기술의 진보야말로 세계화의 촉진제였습니다. 이 두 기술로 세계화가 가능했습니다. 통신과 운송을 누구나 쉽게, 무엇보다 저렴하게 이용할 수 있게 되면서 국제 무역은 물론, 인적 교류 역시 폭발적으로 늘어나게 되었습니다.

불과 몇십 년 전까지만 해도 전화는 중산층 이상만 접근할 수 있는 사치품이었습니다. 핸드폰 역시 초창기에는 단말기 가격이 매우 비쌌습니다. 소수의 사람만 이용할 수 있었습니다. 자동차도 매우 희귀했습니다. 비행기는 말할 것도 없었지요. 비행기를 타 보는 게 평생소원이던 시절도 있었습니다. 화물선 역시 대형화 · 규격화가 이뤄지지 않았습니다.

이런 상황에서 국가 간 교류는 매우 제한적일 수밖에 없었겠지요. 하지만 20세기 후반 통신 · 운송 기술은 눈부시게 발전하게 됩니다. 통신 기술이 발전하면서 사람,

기업, 국가는 더 가까워집니다. 인류 역사상 처음으로 실시간 의사소통이 가능한 시대가 열린 겁니다. 운송 부문은 말할 것도 없습니다. 특히, 1970년대 이뤄진 컨테이너 표준화는 가히 운송 혁명이라 부를 수 있습니다. 컨테이너가 발명됨에 따라 하역에 투입되는 인력은 대폭 줄고 속도는 몇 배나 빨라졌습니다. 컨테이너로 물건을 안전하고 빠르게 운송할 수 있게 되면서 국가 간 물적 교류는 더욱 활발해집니다. 운송 수단의 발전은 말할 것도 없습니다. 이미 세계는 하루 생활권입니다. 24시간이면 지구 반대편까지 갈 수 있는 시대가 되었습니다. 국가 간 인적 교류 역시 획기적으로 늘어날 수 있었습니다.

운송 · 통신 기술은 세계 시장을 하나로 만들게 됩니다. 전 세계에 퍼져 있는 자회사와 모회사가 통신위성 등을 통해 실시간 의사소통이 가능하게 됐고, 컴퓨터가 발전하면서 모회사는 각국에 산재해 있는 자회사를 집중하여 관리할 수 있게 됩니다. 모회사는 과거에는 상상할 수 없었던 인적 · 물적 자원을 자회사에 공급할 수 있게 됐습니다. 해외에 자회사를 만든다는 건 천문학적 비용이 들어가는 일이지만, 그걸로 끝이 아닙니다. 의사결정의 신속성이 담보돼야 하고, 문제가 발생했을 때 실시간으로 대처할 수 있어야 합니다. 운송 · 통신 기술의 진보는 이런 일을 가능하게 만든 거지요. 다국적기업이 폭발적으로 늘어난 배경이 된 것입니다.

현대의 다국적기업

냉전 시대의 종말은 기업에 날개를 달아줬을까?

맞습니다. 1980년대 들어 해외 직접투자는 더욱 늘어나게 됩니다. 특히 1991년 소련이 붕괴하면서 냉전 시대는 그 막을 내립니다. 이후 세계는 양극 체제에서 벗어나 미국 위주로 급속도로 하나가 됩니다. 공산주의 국가인 중국까지 '죽의 장막(냉전 시대에 중국과 자유 진영 국가들 사이의 장벽을 중국의 명산물인 대나무에 비유한 말)'을 거두면서 최소한 경제적 측면에서의 공산주의 체제는 실질적으로 막을 내립니다. 다국적기업이 마음대로 활동할 수 있는 장이 열렸다고 할 수 있습니다. 과거에는 엄두도 못 내던 국가까지 진출할 수 있게 된 겁니다.

1980년대 이후 해외 직접투자는 더욱 다변화됩니다. 미국 기업만이 아니라 서구 선진국 기업의 일반적 형태가 된 거지요. 그걸 가능하게 한 힘이 있습니다. 1993년 말 창립된 유럽연합EU은 유럽을 하나로 묶게 됩니다. 유럽대륙이 하나의 거대 시장으로 재편된 거지요. 이것은 어떤 의미가 있는 걸까요? 독일, 프랑스 등 유럽연합에 속한 기업들은 마음만 먹으면 언제든 유럽연합 내 다른 국가로 쉽게 진출할 수 있게 된 겁니다. 이로써 미국이 주도했던 다국적기업은 서구 선진국에서도 일반화된 형태로 자리하게 됩니다.

유럽연합을 상징하는 깃발(출처: 위키미디어)

주요 기업들은 급속히 전 세계로 영역을 확장합니다. 오대양 육대주 모두에 이들의 시장이 열린 겁니다. 특히, 아시아의 발전은 수많은 다국적기업의 표적이 됩니다. 홍

콩, 싱가포르, 한국, 대만, 중국은 주요 거대기업들의 직접 투자 대상이 됩니다. 동시에 놀라운 성장을 보여줬던 아시아 기업들 역시 급속히 다국적기업화합니다. 한국의 삼성이 대표적입니다.

국제연합 통계에 따르면 전 세계 다국적기업의 수는 1970년에 약 7천 개에 불과했지만 2000년엔 약 5만 개로 급증했습니다. 《포브스Forbes》 통계에 따르면 2017년 기준, 다국적기업의 수는 6만여 개에 달하며 이들은 50만 개 이상의 지사를 운영 중입니다. 이들 회사는 국제 무역의 절반 정도를 차지합니다. 또, 전 세계 주식시장 시가총액의 65%를 차지하고 있기도 합니다. 전 세계 경제를 좌우한다 해도 과언이 아닙니다.

2024년 지금은 몇 개나 될까요? 그 숫자를 따지는 것은 의미가 없을 수도 있습니다. 현재 모든 기업의 목표는 '다국적화'라 할 수 있습니다. 한계가 명확한 자국 시장을 넘어 전 세계를 무대로 기업 활동을 하겠다는 목표를 어떤 기업이 마다할 수 있겠습니까? 다국적기업의 대명사처럼 불리는 코카콜라는 거의 모든 국가에서 콜라를 팝니다. 전 세계에 걸쳐 900개의 제조 시설을 운영 중입니다. 대부분 회사의 목표도 이와 같을 거라 봅니다.

사실, 오늘날 물리적 국경이란 개념은 기업 활동에서 거의 사라졌다고 할 수 있습니다. 한국의 전통 대장장이가 미국의 온라인 쇼핑몰 아마존에서 호미와 낫을 파는 세상입니다. 우리 역시 언제든 미국 아마존이나 중국 알리바바 사이트에 접속해 물건을 살 수 있습니다. 손가락 몇 번만 움직이면 세계 어디에 있는 물건이라도 단 며칠이면 구할 수 있습니다. 경제는 급속히 온라인 · 모바일화하고 있습니다. 세계는 이미 하나의 시장입니다. 기업 역시 그 하나의 시장을 대상으로 한 다국적화가 알게 모르게 이뤄지고 있다고 할 수 있겠지요. 어떤 의미에서 기업 대부분은 이미 다국적기업이라 할 수도 있을 겁니다. 다만, 해외에 물리적 법인을 세우지 않았기 때문에 다국적기업이라 부르지 않는 것뿐입니다.

2장

다국적기업의 특성

다국적기업의 특성

모든 기업은 자신만의 특색이나 특성이 있습니다. 종종 그것은 '사훈'에 나타납니다. 어떤 기업은 국가에 대한 봉사를 강조하고 또 다른 기업은 직원 간 협동을 강조하기도 합니다. 또 어떤 경영자가 기업을 운영하느냐에 따라 기업 문화는 큰 차이를 보이기도 합니다. 어떤 기업은 상명하복을 중시하고 또 다른 기업은 수평적 관계에 방점을 두기도 합니다. 이처럼 기업은 모두 다릅니다. 다국적기업도 마찬가지입니다. 그 특성을 일률적으로 정의하기는 쉽지 않습니다. 다만, 다국적기업만의 특성이 있는 건 확실합니다.

다국적기업이 가진 특성을 이해하기 위해서는 다국적기업이란 무엇인가에 대한 정의를 다시 들여다봐야 합니다. 다국적기업이란 두 개 이상의 국가에서 영리법인을 운영하며 기업 활동을 하는 기업을 뜻합니다. 이에 따라 특성을 몇 가지로 요약할 수 있겠지요.

대자본과 큰 규모

왜 다국적기업들은 덩치가 큰 거야?

그럴 수밖에 없습니다. 다국적기업이 되기 위해 우선 필요한 것은 자본조달력입니다. 생각해 보십시오. 기업 하나를 세우는 데도 큰돈이 들어가는데 두 개 이상의 국가에서 법인을 운영하려면 더 큰 자본이 필요한 건 당연합니다. 공장도 세워야 하고 판매망도 구축해야 합니다. 광고비도 천문학적입니다. TV 광고를 자세히 보세요. 광고하는 기업 중 상당수는, 아니, 대부분이 다국적기업입니다. 코카콜라, 맥도날드, 애플, 구글, 삼성, 현대자동차, 벤츠 등등. 셀 수 없을 정도입니다. 이들 대부분은 다국적기업입니다.

다국적기업의 목표는 큽니다. 세계 시장을 장악하려고 애를 쓰죠. 이런 목표를 달성하려면 자본이 많은 대기업이어야 합니다. 그래야 다른 기업과의 경쟁에서 우위를 차지하고 지속적인 수익을 창출할 수 있습니다. 다국적기업 대부분이 이른바 우량 기업인 이유입니다.

진출국의 법 준수

다국적기업이란 명칭에서 알 수 있듯이, 다국적기업은 여러 국가에서 기업 활동을 합니다. 기업 활동을 위해선 일반적으로 자회사를 설립할 필요가 있겠지요. 자회사를 만들 때 반드시 지켜야 할 전제조건이 있습니다. 해당국의 법을 준수해야 합니다.

법은 나라마다 다릅니다. 그리고 기업 활동은 기본적으로 합법적이어야 합니다. 가령, 미국의 일부 주에서는 마리화나 판매가 합법입니다. 마리화나를 판매하는 어떤 미국 회사가 한국에 자회사를 설립해 마리화나를 공급하는 게 가능할까요? 불가능합니다. 한국 법은 마리화나를 마약으로 엄격하게 금지하기 때문입니다. 또, 한국의 식품 기업이 이슬람 국가에 진출하려 한다고 가정해 봅시다.

이슬람법에서는 돼지고기, 알코올성 음료 등은 물론이고 그런 품목이 함유된 가공식품도 금지됩니다. 이를 어기곤 기업 활동 자체가 불가능합니다.

따라서 특정 기업이 해외에 자회사를 설립해 기업 활동을 하려면 해당국의 법을 따라야 합니다. 그래야 시장에서 살아남을 수 있겠지요. 다국적기업은 어찌 보면 진출하고자 하는 국가의 법을 준수한 기업이라 할 수 있습니다. 타국에 자회사를 설립했다는 것 자체가 이미 그 국가의 법을 지켰다는 의미이기 때문이죠.

본사의 통제권

다국적기업의 특징 중 하나가 여러 나라에서 영업활동을 영위하며 현지법인을 통해 네트워크화되어 있다는 겁니다. 지사가 많을수록 그들을 통제할 수 있는 주체가 필요합니다. 모든 조직엔 최종 의사결정자가 존재합니다. 그것이 없다면 조직 운영은 불가능하겠지요. 다국적기업의 최종 의사결정 권한 즉 최종 통제권은 모국의 경영진이 행사하는 게 일반적입니다. 다만, 일상적인 영업활동에 대한 의사결정은 현지 회사에 위임되겠지요. 모든 의사결정 및 통제 권한을 모국 본사가 행사하는 것은 번거로운 일일 뿐만 아니라 비효율적이기 때문입니다.

치킨 회사를 예로 들면, 진출한 해당 국가의 문화나 식습관 등을 반영한 현지 메뉴가 출시됩니다. 또, 직원을 고용하거나 영업시간을 조정하기도 하지요. 이런 행위는 당연히 각국에 진출한 지사가 행합니다. 회사 존립에 영향을 주는 의사결정이 아니기 때문입니다. 하지만, 회사의 존폐가 걸렸다거나 영업 부진으로 철수를 결정할 때, 또는 현지 최고경영자를 누구로 할 건지 등은 매우 중대한 의사결정입니다. 이런 결정은 당연히 본사가 하겠지요. 결론적으로 다국적기업 지사의 통제 권한은 대부분 본사가 갖습니다.

거시적 경영

다국적기업은 몇 개국에 걸쳐 지사를 운영하기 때문에 범세계적 관점에서 미래를 보려는 경향을 보입니다. 비전과 목표 역시 크기 마련입니다. 자신의 목표와 목적을 달성하려는 방법 역시 세계적입니다. 결과적으로 이들 다국적기업의 경영 행태는 세계에 영향을 주게 됩니다.

가령, 삼성전자는 중국이나 미국에 반도체 공장을 세웁니다. 이렇게 하는 이유는 수없이 많습니다. 현지 시장 공략을 위해서, 또는 주요 수요처가 해당 국가에 포진하고 있어서이기도 합니다. 혹은 세금 혜택이나 값싼 인건비 때문이기도 하지요. 하지만 더 중요한 이유는 그 목표가 세계 선두기업이기 때문입니다.

2017년 트럼프가 미국의 제45대 대통령으로 취임한 이후 세계는 첨단기술을 통해 패권을 장악하려는 강대국 간의 갈등이 본격화했습니다. 미국과 중국의 대립은 점차 격화하고 있습니다. 미국은 반도체 등 첨단기술에서 중국이 앞서나가는 것을 극도로 경계하고 있습니다. 무엇보다 세계는 급속히 이른바 4차 산업혁명으로 진입하고 있지요. 반도체는 그 혁명의 필수재입니다. 이에 반도체는 점점 그 수요가 늘고 있습니다.

2020년 코로나바이러스가 세계를 덮치면서 반도체 수요는 급증했습니다. 공급이 수요를 따라가지 못하는 현상이 발생하면서 2021년에는 자동차 기업들이 반도체를 구하지 못하는 현상까지 벌어졌습니다. 반도체를 구하지 못하니 자동차 생산이 불가능했습니다. 주문을 받아놓고도 자동차를 공급하지 못하는 출고 적체 현상이 발생했습니다.

이에 미국은 삼성전자가 중국에 공장을 세우는 것을 막

고 자국 반도체 수급의 안정을 꾀하기 위해 미국에 공장을 세우도록 삼성전자를 압박했습니다. 2024년 현재 삼성전자는 텍사스에 반도체 공장을 건설 중입니다. 삼성전자가 미국의 압력에 굴복한 걸까요? 그렇게만 볼 수 없습니다. 미국은 첨단기술의 성지입니다. 삼성전자로서는 미국에 법인을 세우면 미국 기술과 인력을 한층 쉽게 빨아들일 수 있습니다. 무엇보다 첨단기술 분야에서 세계 일등기업이 되기 위해선 미국 시장 공략이 중요합니다. 미국 시장에서 인정받으면 그 자체가 상품 경쟁력을 갖췄다는 의미이기 때문입니다.

이처럼 다국적기업의 해외 진출은 세계를 무대로 거시적 목표를 위해 이뤄집니다.

강력한 마케팅 능력

다국적기업의 효율적인 생존 전략 중 하나는 천문학적인 돈을 광고와 마케팅에 쏟아붓는 것입니다. 제품을 팔고 브랜드를 각인시키기 위해서입니다. 다국적기업이 마케팅이나 광고에 집중하는 이유가 있습니다. 어떤 나라든 타국 기업에 대한 이질감이나 반감이 있을 수밖에 없습니다. 세계가 하나의 지구촌으로 연결되어 있다고는 하지만 여전히 각국은 자신만의 문화를 갖고 있고 이를 소중히 생각합니다. 게다가 민족주의를 근원으로 하는 애국심도 있지요. 제품의 질에서 차이가 없다면 굳이 타국 기업의 제품을 사지 않으려는 경향을 보일 수 있습니다. 더욱이, 국가 간 관계가 매우 특수한 경우라면 이런 흐름은 더욱 심해집니다. 가령, 우리나라와 일본의 경우처럼 말이지요. 일본 제품 불매 운동이 대표적인 사례입니다.

다국적기업은 진출한 나라의 국민이 갖고 있는 해외기업에 대한 배척 성향을 희석할 필요가 있습니다. 자연스레 광고와 마케팅에 돈을 쓰게 됩니다. 광고와 마케팅이 진출국 현지 문화에 걸맞은 형식을 취하는 것이 대부분인 이유입니다. 다국적기업의 광고 대다수는 국가별로 그 형태를 달리합니다. 가능하면 모델도 현지인을 씁니다. 해당국 기업처럼 보임으로써 거부감을 최소화하기 위한 전략이라고 볼 수 있겠지요.

다국적기업은 자본이 풍부합니다. 이들은 광고와 마케팅에 천문학적인 돈을 쓸 여력을 갖추고 있습니다. 실제로 매우 큰 비용이 들어가는 TV 광고의 경우 절대다수가 다국적기업 광고입니다. 맥도날드, 코카콜라, 삼성전자, 샤넬, 벤츠 등등. 자본이 있기에 가능한 일입니다.

왜 다국적기업이 되려 하는가?

기업의 목표는 다양할 겁니다. 어떤 기업은 인류에 대한 봉사를 목표로 합니다. 또 다른 기업은 자신의 기업에 투자한 주주들의 이익 극대화가 목표이기도 합니다. 임직원의 복리 증진을 목적으로 하는 기업도 있겠지요. 하지만, 영리기업의 최종 목표는 단 하나입니다. 더 많은 이익을 내는 겁니다. 그 이익을 어떻게 쓸 것이냐는 나중 문제입니다. 다국적기업의 최종 지향점 역시 다르지 않습니다. 성장의 욕구 때문이라 할 수 있겠지요. 그것을 위해 대부분의 기업은 다국적기업이 되고자 애쓰는 겁니다.

기업 대부분은 특별한 경우가 아니면 창업자의 모국에 설립되어 운영됩니다. 자국에서 생산한 제품이나 서비스를 자국 시장에서 판매하면서 성장합니다. 최근엔 온라인 · 모바일 쇼핑이 활성화되고 전 세계가 네트워크로 거미줄처럼 연결되면서 창업과 동시에 국경을 넘어 판매 · 서비스하는 예도 있지만 창업 초창기엔 대부분 자국 시장만을 대상으로 영업활동을 합니다. 아마존, 트위터, 구글, 넷플릭스 등 인터넷 기반의 비즈니스를 하는 기업도 그랬습니다. 초창기엔 미국 내에서만 판매 · 서비스했습니다.

그럴 수밖에 없겠지요. 창업 초창기엔 자본 여력이 부족하고 제품이나 서비스에 대한 경쟁력이 확인되지 않아 일단 가장 안전한 자국 내에서 영업활동을 할 수밖에 없습니다.

자국 내에서 성장 가능성을 확인했다면 그다음엔 어떻게 할까요? 자연히 이익 극대화를 위해 세계로 눈을 돌릴 겁니다. 자국 내에서 창출할 수 있는 이익보다 국경을 넘어 '영업 영토'를 확장하는 게 훨씬 이득이기 때문입니다. 그 밖에도 많은 이유가 있을 겁니다.

낮은 생산비를 좇아

다국적기업 대부분은 이른바 선진국 기업들입니다. 이유가 있겠지요. 선진국일수록 기업들의 규모가 크고 경쟁력이 있는 경우가 많기 때문입니다. 선진국이란 잘사는 나라를 말합니다. 부강한 국가의 바탕은 기업입니다. 부자 나라가 됐다는 것은 기업들이 건강했기 때문입니다. 강한 기업들이 많다는 얘기겠지요.

일반적으로 나라가 부강해질수록 인건비는 높아집니다. 잘산다는 얘기는 그만큼 국민소득이 높다는 것이고, 소득이 높은 것은 임금 수준이 높기에 가능합니다. 임금이 싼 국가 국민의 평균 소득이 높을 수는 없습니다. 미국·독일의 평균 임금과 베트남·중국의 평균 임금은 굳이 비교하지 않아도 차이가 크게 납니다.

임금과 물가가 높은 건 기업의 이익에 부정적 요인입니다. 임금은 기업으로서는 원가입니다. 베트남과 한국의 임금 수준은 약 10배 이상 차이 납니다. 같은 핸드폰을 생산할 때 어디서 만들어야 원가가 적게 들까요? 자명합니다. 임금이 싼 베트남에서 만들면 기업으로서는 이익을 크게 남길 수 있습니다. 원가가 높아지면 자연스레 이익은 줄겠지요. 선진국일수록 일반적인 제조업이 좀처럼 힘을 못 쓰는 이유가 바로 이 때문입니다.

한국은 1970년대에 봉제 산업이 전성기였습니다. 하지만 현재는 거의 사양 산업 수준이 됐습니다. 요즘엔 의류회사들이 한국에서 옷을 만드는 경우는 매우 드뭅니다. 디자인, 기획, 마케팅 등은 한국 본사에서 하지만 의류를 실제로 만드는 것은 중국이나 동남아 공장에서 이뤄집니다. 그곳의 인건비가 저렴하기 때문입니다. 이런 예는 너무 흔합니다. 대부분의 유명 브랜드 의류는 생산 비용이 비교적 낮은 동남아 등에서 생산됩니다. 심지어 첨단제품이라고 하는 삼성이나 애플의 핸드폰도 본사가 있는 한국이나 미국에서 생산되지 않습니다. 베트남, 대만, 중국 등에서 생산됩니다. 물론 핵심부품 생산이나 연구개발 행위 등은 다국적기업 본사가 위치한 국가에서 이뤄지지만 말입니다.

인건비 이외에도 이른바 개발도상국에 진출하면 기업으로서는 여러 가지 이점이 있습니다. 개발도상국은 일반적으로 산업 발전이 덜 된 상태이고 자본이 부족합니다. 따라서 외국 자본과 기업을 유치하기 위해 사활을 거는 경우가 많습니다. 그래야만 고용을 늘릴 수 있고 기술 발전을 이룰 수 있기 때문입니다. 따라서 이들 국가는 외국 자본에 상당한 혜택을 주면서 문호를 넓힙니다. 공장용 토지를 싼 가격에 제공하거나 세제 혜택을 주기도 합니다. 외국 기업으로서는 생산비를 낮출 수 있는 절호의 기회가 되겠지요.

생산비 중 많은 부분을 차지하는 게 원자재 비용입니다. 만약 특정국에서 원자재의 상당 부분이, 그것도 값싸게 생산된다면 그 가까이에 공장을 세우는 게 유리하겠지요. 원자재를 운반하는 데는 큰 비용이 들어갑니다. 원자재가 생산되는 근처에 그 원자재를 사용하는 공장을 만들면 생산비를 절감할 수 있겠지요.

비용 절감은 다국적기업뿐만 아니라 모든 기업의 숙제라 할 수 있습니다. 일반 기업 역시 규모가 커질수록 비용 절감을 위한 해외 진출을 고려하게 됩니다. 비용 절감은 다국적기업이 생기는 이유 중 하나입니다. 낮은 생산비를 좇아 기업은 다국적화를 꾀하게 됩니다.

시장 장악을 위해

"왜 우리나라 기업들은 중국에 진출할까?"

"중국은 인구가 세계에서 가장 많은 거대 시장이기 때문이지."

기업이 특정 국가에 진출하려는 이유 중 가장 큰 것은 시장성입니다. 자신의 제품이나 서비스를 이용해 줄 고객들이 많다면 주저할 이유가 없겠지요. 이럴 때 현지에 진출하게 되면 기업으로서는 많은 이득을 얻게 됩니다. 물류비용을 줄일 수 있겠지요. 미국이나 유럽에서 생산된 제품을 아시아로 운반하는 데는 큰 비용이 들어갑니다. 소비자의 불만이나 요구에 제때 대응하기도 힘듭니다. 가령, 특정 제품에 대한 수요가 폭증할 때 생산과 운반에 긴

시간이 걸립니다. 이를 기다리지 못하는 소비자는 다른 제품으로 옮겨갈 가능성이 생깁니다. 잠재 소비자를 잃는 겁니다. 충분한 시장 확보의 가능성이 있다면 기업으로서는 이런 위험을 감수하기보다는 현지에 법인을 세워 직접 제품을 생산하거나 서비스를 제공하는 게 효율적입니다. 중국에 그토록 많은 다국적기업이 진출해 있는 것도 이 때문입니다. 광활한 시장이 있기 때문이죠. 시장성이 큰 국가에 직접 진출함으로써 운송비를 줄일 수 있습니다.

또 하나의 이득은 소비자와의 소통에 유리하다는 겁니다. 현지 정보를 실시간으로 파악할 수도 있지요. 마케팅 활동에 큰 도움이 됩니다. 직접 진출은 다른 나라 기업이란 거부감을 희석할 수 있는 가장 좋은 수단이 되기도 합니다. 실제로 수많은 다국적기업은 현지화 전략을 적극적으로 추진합니다. 해당 국가에 특화된 제품과 서비스를 선보이지요. 이런 모든 노력은 결국 시장 장악을 위한 포석이라 할 수 있습니다.

그 밖의 이유

드물지만 자국 정책으로 인해 피해가 발생할 때도 해외로 진출하겠지요. 가장 좋은 예가 2019년 7월에 있었던 일본의 수출 규제입니다. 당시 일본 정부는 반도체 생산에 필수적인 품목의 한국 수출 규제를 강화했습니다. 이에 한국 정부와 기업은 소재, 부품, 장비의 국산화와 수입 다변화를 적극 추진했지요. 일본의 수출 규제는 당연히 일본 기업의 손실로 이어졌습니다. 한국으로의 수출이 자국 정부의 규제로 제한되면서 위기감을 느낀 일본 기업 중 일부는 한국의 기존 생산 설비를 확충하거나 생산 설비를 한국으로 이전했습니다. 자국의 정책으로 피해를 보는 기업은 타국 진출을 적극적으로 고려하게 됩니다.

반대로, 특정국의 수입 규제가 강화되면 그것을 피하려 그 나라에 직접 진출하는 예도 있습니다. 보통 수입 규제는 개발도상국에서 많이 이루어집니다. 우리나라도 개발이 한창 진행 중이던 2000년 이전까지는 자국 산업 보호를 위한 수입 규제가 강력하게 시행됐습니다. 외국산 담배나 술을 전혀 수입할 수 없었던 때도 있었습니다. 수입되는 품목이더라도 높은 관세를 매겨 수입품의 경쟁력을 일부러 낮추기도 했지요. 높은 관세가 부과되면 수입품 가격이 크게 높아지겠지요. 자연스레 사람들은 값싼 국산품을 쓰는 경우가 늘어나게 됩니다. 이런 일은 요즘도 일어나고 있습니다. 많은 개발도상국이 완제품에 대한 수입 규제는 강화하고, 직접투자를 통해 자국에 진출하는 기업에는 혜택을 많이 줍니다. 가령 각종 세금 면제, 부동산 저가 공급 등이 대표적입니다. 이런 혜택이 주어진다면 해당국에 진출하려는 수요는 늘어나게 됩니다. 기업의 다국적화가 촉진되는 이유지요.

그 밖에도 기업 이윤을 유지하기 위해 타국에 진출하는 사례도 있습니다. 특정 업종은 산업 발전 단계에 따라 사양 산업이 되는 경우가 있습니다. 경쟁력을 잃어버리는 거지요. 대표적으로 노동집약산업은 성장이 가시화될수록 퇴조하기 마련입니다. 인건비가 오르면서 기업 수익은 급감하게 됩니다. 앞에서 예를 든 봉제나 단순 조립 산업이 대표적입니다. 이럴 때 기업은 생존을 위해 인건비가 저렴한 해외로 눈을 돌리게 됩니다. 한국의 의류회사들이 동남아 등에서 공장을 운영하는 게 대표적인 사례입니다.

직접투자가 유리한 이유가 또 하나 있습니다. 타국에 기술 제휴나 간접투자 방식으로 진출했을 경우 보통 진출국에 파트너사를 두게 됩니다. 이때 파트너사의 능력이 문제가 될 경우가 있습니다. 기술과 자금 등을 파트너사에 제공했지만, 소기의 목적을 달성하지 못하는 경우가 있지요. 파트너사의 경영 미숙으로 성공을 거두지 못하는 겁니다. 이때 직접투자를 통해 직접 경영을 함으로써 이런 문제를 해결할 수 있겠지요. 시장성은 충분한데 파트너사의 경영 능력이 문제가 될 때 직접 경영 방식을 선택하게 됩니다.

그것이 어떤 이유에서든 기업은 이익을 좇아 움직이는 조직입니다. 다국적기업이 되려는 이유도 같습니다. 바로 이익을 극대화하려는 욕구 때문이지요.

다국적기업의 형태

다국적기업이라 부르는 기업들이 한 가지 형태만을 갖고 있지는 않습니다. 모기업이 강한 통제 권한을 행사하는 곳도 있고 상대적으로 느슨한 곳도 있습니다. 하지만, 분명한 것은 어떤 형태를 하고 있든 모기업의 통제에서 자유로운 곳은 없다는 겁니다. 이는 주식회사의 속성 때문입니다. 주식회사는 주식을 많이 가진 대주주가 힘을 가진 조직입니다. 대주주의 입김에서 벗어날 수 없습니다. 일반적으로 다국적기업은 모회사가 자회사의 지분을 많이 소유합니다. 자연히 조직 형태가 어떻든 모회사의 통제를 받을 수밖에 없겠지요.

중앙집권식 형태

이 형태는 가장 일반적인 다국적기업 형태라 할 수 있습니다. 말 그대로 모기업이 자기업을 직접 통제하는 형태를 말합니다. 모기업 국가에 총괄경영관리본부가 있고 타국에 공장이나 생산시설을 두는 형태의 다국적기업이 대표적입니다. 삼성전자도 이에 해당하겠지요. 한국의 삼성전자 총수나 경영진이 각국에 있는 삼성전자 현지법인을 총괄합니다. 중국, 베트남, 미국 등에 있는 생산 공장의 핵심 의사결정은 한국 경영진의 통제를 받습니다.

이런 형태의 가장 중요한 장점은 관세 및 수입 할당 등 각종 무역장벽을 피할 수 있고 낮은 생산비용의 효과를 극대화할 수 있다는 점입니다.

보통 대부분의 국가는 자국 산업 보호를 위해 수입품에 관세를 부과합니다. 또는 일정량 이상이 수입되지 않도록 국가별로 할당량을 배정하지요. 미국도 한국의 철강 제품에 할당제를 시행하고 있습니다. 수입량이 일정 수준을 넘어서면 해당 제품의 수입이 금지되는 겁니다. 이때 기업은 이런 무역장벽을 피하고자 현지에 생산 공장을 세웁니다. 미국에서 생산하면 수입품이 아니라 미국산 제품이 되는 것이기 때문에 관세나 수입 할당에서 벗어날 수 있게 되는 거지요. 낮은 생산비용의 효과는 말할 필요도 없습니다.

이런 형태의 다국적기업은 보통 개발도상국에 생산기지 역할을 하는 법인을 세웁니다. 싼 인건비, 원재료로 인한 생산비용 절감이 목적입니다. 우리나라가 발전하면서 삼성전자, 현대자동차 등 대기업은 물론 중소기업까지 해외로 생산기지를 옮겼습니다. 이들 기업의 대다수는 한국 경영진이 해외 지사나 공장을 통제하는 중앙집권식 형태입니다. 일본 다국적기업들도 이런 형태를 띠고 있는 경우가 많습니다. 핵심 자산을 본국이 소유하는 거지요. NEC 등이 대표적입니다. 일본 자동차회사인 도요타 역시 비슷합니다. 해외 자회사의 역할은 생산기지 정도에 불과합니다. 자회사 권한도 제한적이겠지요. 이런 구조를 취하는 주요 이유는 타국의 낮은 인건비를 적극적으로 이용할 수 있기 때문입니다. 해당국 시장이 크거나 고급 인재가 많아서가 아닙니다. 노동력이 풍부하고 임금 수준이 낮기 때문이지요. 개발도상국에 진출할 때 현지에서 경영에 필요한 인재를 구하기는 쉽지 않습니다. 해당 업종을 경험해 본 사람이 거의 없기 때문입니다. 그래서 대부분 중간관리자급 이상의 관리직 경영진을 본사에서 파견하게 됩니다. 이들이 본사의 지휘 통제에 있는 건 당연하겠지요.

또 하나의 이유는 핵심 자산에 대한 보안입니다. 연구개발 결과물이나 기타 기업 노하우가 타국에 누설되거나 전파되는 걸 두려워하기 때문이지요. 권한이 분산되면 정보 유출의 가능성도 그만큼 커집니다. 특히, 현지인이 기업의 핵심 정보에 접근할 수 있는 권한을 가지면 그 정보는 얼마든지 유출될 수 있습니다. 대부분 사람은 조국을 사랑합니다. 그리고 돈 욕심도 무시할 수 없습니다. 애국심이나 돈 욕심으로 자신이 취급하는 정보를 빼돌릴 확률이 높습니다. 핵심 자산에 대한 접근성을 최소화해야 누설 위험이 줄어듭니다. 많은 기업이 중앙통제식 관리 체제를 택하는 이유 중 하나입니다.

분권화된 형태

이른바 초국적기업들에서 볼 수 있는 형태입니다. 이들은 각국에 산재한 회사들이 독자적인 조직 운영 권한을 행사합니다. 모기업과 자기업의 구분이 쉽지 않습니다.

이런 형태를 취하는 것은 현지에 적합한 경영이 궁극적으로 최선의 가치를 창출해낼 수 있다고 생각하기 때문입니다. 사실, 어떤 국가든 자신만의 독특한 문화와 법체계를 갖고 있습니다. 기업이 이에 적응하기 위해서는 현지화가 필수적이지요. 다른 말로, 진출한 국가에 어울리는 기업이 될 필요가 있습니다.

이때 가능하면 현지인이 경영까지 총괄하는 게 이상적이겠지요. 현지인만큼 그 나라의 사정을 잘 알고 있는 이는 없을 테니까요. 특정 기업이 현지화함으로써 누릴 수 있는 장점은 많습니다. 일단 현지 국민의 거부감을 줄일 수 있겠지요. 동시에 경영 전반에 영향을 미치는 정책 변화 등에 한층 유연하면서도 효율적으로 대응할 수 있습니다. 무엇보다 빠른 의사결정이 가능합니다. 독자적인 의사결정이 가능하기 때문이지요.

이런 형태는 유럽 다국적기업에서 흔히 볼 수 있습니다. 핵심 자산을 여러 나라에 분산 배치하는 형태지요. 필립스나 유니레버 등이 대표적입니다. 이들 기업은 연구개발과 같은 핵심 자산을 여러 나라에 분산 배치합니다. 진출국에 적합한 제품과 서비스를 생산하는 건 현지에 진출한 자회사가 가장 잘할 수 있다는 판단 때문이겠지요. 이 경우, 해외 자회사들은 상당히 높은 수준으로 독자적 권한을 행사합니다. 현지에서 습득한 각종 정보를 현지 시장에 독자적으로 적용하는 방식을 택하고 있는 겁니다. 모회사와 자회사는 일방의 명령을 받는 수직적 관계가 아니라 상호 협력하는 수평적 관계로 이어집니다.

초국적기업으로의 진화(?)

현재 다국적기업들 상당수는 국적이 없는 초국적기업으로 진화하고 있습니다. 핵심과 주변부의 구분이 없어지고 있는 거지요. 통일된 비전을 추구하지만, 모기업과 자회사 간 수직적 관계가 아닌 수평적 관계를 추구합니다. 중앙집권식 다국적기업처럼 핵심 자산을 모기업이 장악하고 있지도 않고, 분권화된 다국적기업처럼 지역별로 분산되어 있지도 않습니다. 각각의 소속 기업들은 자신들의 고유한 핵심 자산을 개별적으로 보유합니다. 본사와 자회사의 관계는 수직적 · 종속적 관계가 아닙니다. 하지만 상호 독립적이지도 않지요. 다만, 상호의존적이라 할 수 있습니다. 가장 좋은 예는 네슬레입니다. 모기업은 스위스에 있지만 캔디 사업의 핵심 자산은 영국에 있습니다.

어찌 보면 이는 가장 이상적인 방식이라 할 수 있습니다. 각국은 자신만의 고유한 문화와 전통을 갖고 있을 뿐만 아니라 다른 나라와 비교해 우수한 자원을 얼마든지 갖고 있을 수 있습니다. 여기서 자원이란 반드시 물리적 자원만을 의미하지 않습니다. 어떤 나라는 기술이 뛰어나고 또 다른 나라는 문화적 감각이 타국보다 우수할 수 있습니다. 가령, 한류 열풍에서 보듯 한국인의 문화적 감각이나 창의력은 타국에 비해 뛰어납니다. 이는 분명 핵심 자산이 될 수 있습니다. 나라별로 얼마든지 핵심 자산에서 차이가 날 수 있는 겁니다. 초국적기업은 이런 점에서 의미가 있습니다. 거대한 네트워크에 속한 본사와 해외 자회사들이 동등한 위치에서 각자의 전문성을 통해 비전 달성에 노력하는 겁니다. 그 비전은 다양합니다. 이익의 극대화, 시장 점유율 확대 등등.

초국적기업의 특징 중 하나가 핵심 자산인 지식 개발이 범세계적으로 이뤄지며 기업 네트워크 간 공유가 활발하다는 겁니다. 네트워크에 속한 기업은 자신만의 핵심 자산을 개발할 수 있고 그것을 전체 네트워크로 확산시킵니다. 핵심 자산을 공유하느냐가 초국적기업 여부를 결정합니다.

초국적기업은 국적을 초월한 기업을 말합니다. 사실, 기업으로서는 특정 국적에 집착하는 게 부담스러울 수 있습니다. 모기업이 속한 국가의 각종 통제는 기업 성장에 걸림돌이 될 수 있습니다. 요즘 미·중 간 갈등이 격화되면서 미국의 첨단기술 업체들의 중국 진출이 엄격히 통제되고 있습니다. 예를 들어, AI(인공지능) 칩 회사인 엔비디아는 고사양 칩을 중국에 팔 수 없습니다. 미국이 정부 차원에서 통제하기 때문입니다. 또, 2019년에 느닷없이 시행된 일본의 첨단 소재·부품·장비의 한국 수출 규제 정책이 있습니다. 한국에 수출하는 일본 기업으로서는 달가울 리 없습니다. 정부 정책이 방해물로 작용하는 겁니다. 이럴 때 국적을 초월할 수 있다면 이런 국가 정책에서 벗어날 수 있겠지요.

무엇보다 초국적기업이 되어 특정국 기업이란 이미지를 희석하면 현지 국민의 거부감에서 비교적 자유로울 수 있습니다. 어떤 나라 국민이든 외국 기업에 대해 정도의 차이는 있지만 거부감을 느낍니다. 실제로 외국 기업이 현지 적응에 실패하는 경우는 많습니다. 대부분 현지인의 거부감을 지우지 못했기 때문입니다. 이마트 등 한국 대형 할인점이 결국 중국 시장에서 철수했습니다. 어찌 보면 초국적기업이 되지 못했기 때문에 벌어진 일이라 할 수 있습니다.

이런 이유로 많은 거대 다국적기업이 '특정 국가의 기

업'이란 이미지를 지우고 싶어 합니다. 다시 말해, 초국적 기업으로 진화하는 겁니다.

다국적기업의 장점

특정 기업이 일단 다국적기업으로서의 위상을 갖게 되면 누릴 수 있는 장점이 많습니다. 어떻게 보면 기업은 이런 장점이 있기에 다국적기업으로 발전하려 애를 쓰는 거라고도 할 수 있습니다. 다국적기업이 되려는 이유는 결국 이들 장점 때문이겠지요.

높은 효율성

다국적기업은 목표 시장에 더욱 쉽게 접근할 수 있습니다. 목표로 하는 시장에 제조 시설을 갖고 있다면 영업활동이 훨씬 수월해지겠지요. 수요가 늘면 즉각 공급을 늘릴 수 있고 제품 운송 시간도 절약할 수 있습니다. 게다가 현지인이 무엇을 원하는지 즉시 알 수 있어 제품개발에 반영할 수도 있습니다. 정부 정책 변화에도 빠르게 대응할 수 있겠지요.

발전과 성장의 기회 극대화

기업은 살아있는 유기체라 할 수 있습니다. 우리를 둘러싼 환경은 끊임없이 변화합니다. 적자생존이란 말을 들어봤을 겁니다. 환경에 잘 적응한 개체는 생존하지만 그렇지 못한 개체는 도태된다는 이론입니다. 기업 역시 같습니다. 환경 변화에 적응한 기업만 생존할 수 있고 발전할 수 있습니다. 발전이란 적응력을 극대화하는 것이라고도 할 수 있겠지요. 가령, 기후변화에 대응하지 못하는 기업은 앞으로 살아남을 수 없을 겁니다. 전기차 시대에 내연기관 자동차만 생산하는 자동차업체 역시 생존이 보장되지 않겠지요.

다국적기업은 더 다양한 기회를 얻을 수 있습니다. 각국의 첨단 정보를 더 빠르게 습득할 수도 있고 국가별 환경 변화에 더 유연하게 대응할 수 있습니다. 그럼으로써 성장과 발전의 동력을 얻을 수 있습니다. 경쟁에서 우위에 설 수 있는 겁니다.

생산비 절감

사실 다국적기업의 상당수는 생산비를 낮추기 위한 목적으로 타국에 진출합니다. 낮은 인건비, 각종 조세 혜택

등의 이점을 누릴 수 있지요. 앞에서 자세히 설명했으므로 생략합니다.

다국적기업의 단점

다국적기업이 됨으로써 누릴 수 있는 장점도 많지만, 단점도 만만치 않습니다. 정확하게는 단점이라기보다는 다국적기업이 숙명적으로 갖는 '위험'이라 해야겠지요. 이를 극복하는 게 결국은 다국적기업의 성공 여부를 좌우한다고 할 수도 있습니다.

문화적 장벽

나라마다 고유한 문화가 존재합니다. 이는 기업 활동 전반에 장벽으로 작용할 수 있습니다. 가령, 어느 나라 노동자는 문서계약과 지시를 중시합니다. 계약에 포함되지 않은 일은 하지 않으려는 경향도 보이지요. 또, 어떤 나라 노동자는 기분이 좋으면 일하고 싫으면 일하지 않는 성향을 보이기도 합니다. 감정적인 거지요. 따라서 해당국에 진출한 기업은 그 나라 노동자의 문화적 특성을 이해하고 이를 노무관리에 반영해야 합니다. 모기업 방식을 일방적으로 강요하다간 낭패 보기 쉽겠지요.

이 밖에도 나라별로 문화적 차이는 셀 수 없이 존재합니다. 이를 이해하지 못하면 강한 역풍에 휩싸일 수 있습니다. 좋은 사례가 있습니다.

2019년 8월, 인도 맥도날드는 느닷없는 인도 국민의 불매 운동에 직면하게 됩니다. 발단은 뜻밖의 것이었습니다. 인도 맥도날드는 자사 제품이 할랄halal 인증을 받았다고 홍보했습니다. 할랄 인증이란 이슬람 율법에 맞게 가공된 음식이란 의미지요. 이게 실수였습니다. 인도 국민의 80% 이상은 힌두교도입니다. 이슬람교를 믿는 모슬렘은 14%에 불과하지요. 인도 국민은 맥도날드의 홍보가 힌두교를 무시하는 처사라고 불매 운동에 돌입했던 겁니다. 현지 문화에 대한 이해와 적응 부족이 이런 사태를 불러온 거지요.

국내에서도 이런 일은 비일비재합니다. 2019년 초 일본은 갑자기 한국에 대한 수출 규제를 발표합니다. 한국의 핵심 산업인 반도체와 관련된 소재, 부품 등이 수출 규제 대상이었습니다. 이에 한국에서는 일본 제품 불매 운동이 시작되었습니다. 이른바 'NO 재팬' 운동이었습니다. 하지만 일본 기업 중 일부는 이를 과소평가했습니다. 같은 해 7월 유니클로의 모기업 임원은 "한국의 불매 운동은 장기화하지 않을 것"이란 망언을 합니다. 한국인의 문화적 정서를 완전히 잘못 읽은 겁니다. 대가는 컸습니다. 한국에서 승승장구하던 유니클로의 기세는 많이 꺾였습니다. 당시 매출과 영업이익이 급감했었죠. 지금은 일본의 수출 규제가 해제된 상태이고, 한국의 NO 재팬 운동도 한풀 꺾인 상태입니다.

정부 정책과 규제의 변화

정부 정책 및 규제에 따라 다국적기업은 언제든 위험에 처할 수 있습니다. 다국적기업의 단점이라기보다는 위험 요인이라 해야겠지요. 모든 기업은 법이나 제도에서 벗어날 수 없습니다. 법이나 제도가 허용하는 범위 내에서 기업 활동이 가능하기 때문입니다. 따라서 정부 정책 및 규제의 변화는 다국적기업의 가장 큰 취약점이라 할 수 있습니다.

다국적기업의 경우는 모국과 자회사가 있는 현지국 모두의 정책 및 규제 변화에 영향을 받습니다. 가장 좋은 사례가 미국과 중국 간에 벌어지고 있는 무역전쟁입니다. 중국에 진출한 미국의 첨단기업들은 모국의 철수 압력을

할랄 인증 로고(출처: 위키미디어)

받고 있습니다. 또, 미국에 진출한 중국 기업들은 미국 정부의 각종 규제에 어려움을 겪고 있지요. 가령, 중국의 대미 직접투자는 강한 규제를 받고 있습니다. 중국이 직접투자를 빌미로 인공지능 분야 등 미국 첨단기업을 인수해 지식재산권 유출을 꾀한다는 이유 때문입니다. 2024년 2월 현재 중국 기업들의 대미 직접투자는 최소한 반도체, 전기차, 배터리 분야에서는 거의 불가능합니다.

2024년 2월 현재, 미국 증시에 상장된 중국 기업들은 상장폐지 가능성에 떨고 있습니다. 미국의 '외국기업문책법'을 어겼다는 의심을 받고 있기 때문입니다. 외국 기업은 회계감사 자료를 미국 규제당국에 공개해야 합니다.

미국 월스트리트의 증권거래소(출처: 위키미디어)

또, 외국 정부의 통제를 받지 않는다는 점을 증명해야 합니다. 외국 기업이 3년 연속 미국 상장회사회계감사위원회PCAOB 감사기준을 따르지 않으면 미국 증권거래소는 상장을 폐지할 수 있습니다. 상장폐지 위기에 처한 중국 기업 수는 160여 개에 달합니다.

미국이 이런 법을 만들어 실행에 옮기는 이유는 명확합니다. 미 · 중 갈등 국면에서 중국을 제어하는 가장 좋은 방법은 중국 기업의 자금 통로를 막아 성장을 방해하는 겁니다. 중국 기업이 미국 주식시장에 상장하는 주목적은 자금 조달입니다. 미국의 주식시장은 세계에서 가장 큽니다. 자본조달에 유리하죠. 미국은 중국 기업이 자국 주식

시장에 상장하는 걸 막아 자금 조달원을 끊고 중국 기업의 세계화를 방해하려는 것입니다.

어떤 기업이든, 그것이 초국적기업이라 해도 모기업이 존재합니다. 모국이 존재한다고 할 수 있겠지요. 모국과 자회사가 있는 현지국 간에 갈등이 발생하면 자회사는 타격을 받게 됩니다. 2016년 7월 한국과 미국은 고고도 미사일 방어체계인 '사드THAAD' 1개 포대를 주한미군에 배치하기로 합니다. 이에 중국은 강력히 반발합니다. 중국에선 이때부터 한국산 제품에 대해 불매 운동이 벌어졌습니다. 또, 중국 당국은 한국산 제품에 대한 비관세장벽 강화, 한국산 게임에 대한 규제 강화 등의 조처를 했습니다. 중국에 진출한 한국 기업은 큰 타격을 받을 수밖에 없었습니다. 중국에 진출한 롯데마트와 각 면세점의 손실이 급증했고 현대기아차의 중국 내 판매량도 급감했습니다.

또 있습니다. 개발도상국이 성장하면 일반적으로 환경규제나 노동법 등이 강화됩니다. 이런 경우, 모국의 각종 규제를 벗어나고자 자회사를 세운 다국적기업이라면 타격을 받을 수밖에 없겠지요. 폐수처리시설, 미세먼지, 온실가스 등에 관한 규제는 선진국일수록 강합니다. 이런 경우 해당 기업은 규제를 피해 개발도상국에 자회사를 설립합니다. 하지만, 개발도상국도 점차 발전하게 되면 환경 규제를 강화하는 게 일반적입니다. 이럴 때 모국의 규제를 피해 개발도상국으로 생산시설을 옮긴 기업은 난처한 상황에 부닥치게 됩니다. 여우를 피하려다 호랑이를 만나는 격이지요. 결국은 철수를 고려하는 경우가 발생할 수도 있습니다. 낮은 인건비를 찾아 해외로 진출한 기업 역시 같은 상황에 놓일 수 있습니다. 인건비가 높아지면 해당국에서의 자회사 유지 유인이 떨어지게 됩니다. 이들은 더 낮은 인건비를 좇아 다른 나라로의 이전을 고려하게 되겠지요.

사실, 많은 다국적기업은 언제든 진출한 국가에서 철수할 준비를 하고 있다고 할 수 있습니다. 특히 노동집약적 산업의 기업들이 그렇습니다. 이들은 철새와 같습니다. 낮은 임금과 규제가 덜한 지역을 좇아 중국에서 동남아로 혹은 동유럽으로 공장을 옮기는 게 다반사입니다.

어쩌면 이것이 다국적기업에 대한 반감의 주요 원인이 된다고 할 수 있습니다. 해당 회사에서 일하는 노동자는 물론이고 이들이 진출한 국가의 정부나 소비자가 다국적기업에 대한 부정적 인식을 갖게 되는 주요 이유입니다. 자신들이 '착취'의 대상이라 생각하는 겁니다. '달면 삼키고 쓰면 뱉는다'라고 믿는 겁니다.

다국적기업은 물론이고 초국적기업이라 해도 모국의 색깔을 완전히 지울 수는 없습니다. 나이키는 미국 기업이고 유니클로는 일본 기업입니다. 완전한 현지화란 불가능합니다. 모기업의 국적에서 벗어날 수 없습니다. 이는 언제든 이들 기업에 위험으로 작용할 수 있습니다. 진출한 국가와 국민은 이들을 '이방인'으로 봅니다. 정도의 차이만 있을 뿐 외국 기업에 대한 이질감을 완전히 지울 수는 없는 겁니다. 그것이 다국적기업이 안고 있는 '위험'이 되는 거죠. 다국적기업 역시 자신의 모국이 어디임을 언제나 인지하고 있습니다. 여차하면 마지막으로 기댈 곳은 모국밖에 없다는 것을 잘 알고 있죠. 아무리 다국적기업이라도 모기업의 국적에서 벗어날 수 없는 이유입니다.

3장

다국적기업의 영향력

기업이 커봐야 얼마나 크겠어?

이런 생각을 하는 사람들이 많을 겁니다. 잘못 알고 있는 겁니다. 거대 다국적기업은 이미 웬만한 국가의 생산력을 초월하고 있습니다. 이들의 연 매출은 특정 국가의 국내총생산GDP을 능가합니다. 2020년 삼성전자 매출액은 237조 원이었고 애플의 매출액은 324조 원에 달했습니다. 세계 GDP 순위 51위인 그리스의 2021년도 국내총생산이 약 2,100억 달러입니다. 계산해보면 삼성전자 연간 매출액과 비슷한 수준입니다. 미국 경제잡지 《포춘Fortune》이 선정하는 '글로벌 500' 기업 명단의 1위는 미국 기업인 월마트입니다. 이 회사의 수익은 얼마나 될까요? 2021년 5,200억 달러를 넘었습니다. 3위인 아마존의 수익은 2,800억 달러 이상입니다. 매출액이 아닌 수익이 그렇다는 얘기입니다. 이미 다국적기업은 대다수 국가의 생산력 이상을 능가하는 능력을 갖췄습니다. 2016년 기준으로 다국적기업은 세계 총 GDP의 3분의 1 정도를 차지하고 있습니다. 대략 32% 정도입니다.

이제 다국적기업을 빼고는 세계 경제를 얘기할 수 없습니다. 그만큼 그들의 영향력이 막대하다는 것을 뜻합니다. 돈이 많을수록, 돈을 많이 벌수록 자본주의 세계에서는 영향력이 그만큼 커집니다. 다국적기업의 영향은 전방위에 걸쳐 미칩니다. 정치, 경제는 물론이고 환경, 노동, 문화, 소비자 정책, 조세 제도, 인권 등 모든 분야에 영향을 끼치고 있습니다.

세계 경제에서 차지하는 위상

OECD 자료에 따르면, 다국적기업은 세계 GDP의 3분의 1, 국제 무역의 3분의 2를 차지합니다. 특히, 수출과 수입을 축으로 한 국제 교역의 대부분은 다국적기업이 이뤄내고 있습니다. 2016년 기준으로 글로벌 수출에서 다국적기업 자회사가 차지하는 비중은 30%, 본사는 34%에 달합니다. 비 다국적기업의 수출은 36%에 불과합니다. 다국적기업이 세계 무역의 중추 역할을 하는 겁니다.

베트남에는 우리나라 기업들이 많이 진출해 있습니다. 대표적으로 삼성전자를 들 수 있겠지요. 삼성전자는 베트남에 가전과 핸드폰 공장 등을 운영 중입니다. 가전 공장에서는 TV, 세탁기, 냉장고, 청소기, 모니터와 같은 제품을 생산해 베트남 현지에 판매하거나 다른 동남아 국가, 유럽, 미국 등에 수출합니다. 직원 수만 해도 7,000여 명에 달합니다. 핸드폰 공장도 운영 중이지요. 가전제품과 같이 베트남 현지에 판매하는 것은 물론이고 전 세계에 수출합니다.

2023년 기준, 한국의 10대 수출국 중 베트남이 3위입니다. 이유가 뭘까요? 베트남은 개발도상국입니다. 2023년 기준 1인당 국민소득은 약 3,655달러입니다. 한국은 3만 3,000달러를 넘었습니다. 1인당 국민소득 기준으로 보면 베트남 국민의 구매력이 아직은 크다고 할 수 없습니다. 그런데도 한국의 수출이 집중되고 있습니다. 이유는 바로 한국 다국적기업들이 베트남으로 중간재를 수출하고 있기 때문입니다. 핸드폰이나 가전의 핵심부품인 반도체 등은 한국에서 베트남으로 수출되어 베트남에서 완제품으로 조립됩니다. 사실, 베트남은 한국 다국적기업들의 생산기지라 할 수 있습니다. 베트남의 싼 인건비 등이 한국 기업에 매력적으로 작용했기 때문입니다.

한국 기업의 베트남 투자가 늘어나면서 베트남 경제에 우리 기업이 미치는 영향 또한 크게 증대하고 있는데요. 일례로, 삼성전자 베트남 법인의 경우 베트남 전체 GDP에서 차지하는 비중이 20%에 이릅니다. 삼성전자 실적이 바로 베트남 GDP를 좌우한다고 할 수 있습니다.

이런 일은 비일비재합니다. 선진국들은 생산비를 낮추기 위해 개발도상국으로 생산기지를 옮깁니다. 유럽의 선진국은 동유럽으로, 아시아의 선진국은 중국과 동남아로 생산기지를 이전합니다. 생산기지를 옮기는 이유가 또 하나 있지요. 바로 물류비용을 낮추고 관련 편의성을 높이기 위해서입니다. 가령, 미국 시장에 진출하기 위해 멕시코 등에 공장을 세우는 게 대표적입니다. 혹은, 특정 지역 공략을 위한 거점을 마련하기 위해서 그러기도 합니다. 남미 시장 공략을 위해 브라질에 공장을 세우는 게 대표적이지요.

이런 경우 본사와 자회사 간 교역은 불가피합니다. 본사는 자회사에 핵심부품 등을 수출하고 자회사는 최종 완성품을 생산해 그 나라에 판매하거나 타국에 수출합니다. 이런 흐름은 21세기 들어 더욱 가속됩니다.

1991년, 구소련의 몰락으로 자본주의와 공산주의가 극한으로 대립하던 냉전의 세기 20세기가 저물자, 국경은 급격히 허물어집니다. 20세기엔 자본주의 체제 아래 서방 기업이 중국이나 동유럽 등 공산주의 국가에 진출하는 게 거의 불가능했습니다. 하지만, 구소련이 붕괴하고 2001년 중국이 세계무역기구WTO에 가입하면서 이른바 '죽의 장막'을 거두자, 상황은 급변했습니다. 수많은 기업이 각종 기회를 찾아 자유롭게 국경을 넘나들 수 있게 됐습니다.

프랑스 화장품 대기업 로레알이 1998년 중국에 처음 진출할 당시, 상하이에 몇 사람만으로 구성된 소규모 지점을 개설했었습니다. 이 지점은 현재 세계 최대 화장품 회사의 동북아 본부로 성장해 중국 내 고용인원만 1만 명에 달하며 25개 브랜드를 운영하고 있습니다. 로레알차이나의 성장은 상징적인 예입니다. 현재 중국에 진출한 외국 기업은 셀 수 없을 정도로 많습니다.

21세기는 본격적인 세계화가 시작된 시기입니다. 자본주의는 공산주의와의 싸움에서 승리했고 이는 곧 기업 특히 다국적기업의 시대가 도래했다는 것을 뜻합니다. 세계 경제에서 차지하는 다국적기업의 비중이 증가할 수밖에 없는 환경이 된 것입니다. 이제 다국적기업을 빼고는 세계 경제를 설명할 수 없습니다.

현지 경제에 미치는 영향력

경제 규모가 작은 나라일수록 다국적기업의 영향력은 클 수밖에 없겠네?

맞습니다. 특정 다국적기업이 특정 국가에서 차지하는 위상이 클수록 그 나라 경제는 그 기업에 종속될 수밖에 없습니다. 베트남에서 한국 기업이 일시에 철수한다고 생각해볼까요? 수많은 사람이 일자리를 잃을 것이고 세수(세금 수입)는 급감할 수 있습니다. 무엇보다 수출이 줄어들면서 경상수지 또한 악화될 수 있겠지요. 흑자가 줄면 해당국의 통화 가치는 하락합니다. 자칫, 외환위기까지 발생할 수도 있습니다. 천문학적인 자본이 빠져나가기 때문입니다. 돈을 잘 못 버는 국가에 투자할 사람은 별로 없겠지요. 한국의 대기업이 철수하면 베트남 경제는 크게 흔들릴 수밖에 없습니다. 물론 이런 일이 발생할 가능성은 거의 없습니다. 특정 기업이 일시에 철수하는 경우는 거의 없을 뿐만 아니라 그런 일을 특정국이 그냥 놔두고 보지도 않을 것이기 때문입니다.

하지만, 다국적기업의 철수나 사업 축소는 자주 발생합니다. 어쩔 수 없는 일이지요. 기업은 살아 있는 유기체와 비슷합니다. 모든 유기체는 생로병사의 운명에서 벗어날 수 없습니다. 태어나고 늙고 병들고 죽는 자연의 섭리에서 기업 또한 자유로울 수 없습니다. 오늘도 수많은 기업이 생겨나고 또 사라집니다. 어떤 기업은 경쟁력을 잃어 마치 중병에 걸린 환자와 같은 모습을 하고 있기도 합니다. 다국적기업도 이런 운명을 피할 수는 없습니다. 병에 걸려 망하면 사업을 접을 수밖에 없겠지요.

한국무역협회가 2021년 12월에 발표한 기업 평균 수명은 우리를 놀라게 합니다. 2027년 기준 기업의 평균 수명이 12년에 불과할 것으로 전망되었습니다. 약 70년 전인 1958년 기준 기업의 평균 수명이 61년이었던 것과 비교하면 5분의 1 수준까지 줄어든 것입니다. 왜 그럴까요?

산업 전환 속도가 빨라지고 있기 때문입니다. 세상은 4차 산업혁명이라 부를 만큼 빠르게 바뀌고 있습니다. 디지털, 인공지능, 로봇, 메타버스 등 새로운 산업이 일으키는 바람이 거세지요. 일반 기업이 이런 흐름에 적응하는 건 매우 힘듭니다. 20세기 초까지만 해도 시간은 천천히 흘렀습니다. 변화가 매우 느렸지요. 하지만 현재는 그 속도가 매우 빨라졌습니다. 수많은 혁신 기업이 생겨나고 번성하면서 그만큼의 기업들이 사라지고 있습니다. 온라인 · 모바일 쇼핑의 발달로 동네마다 있던 수많은 점포가 사라졌습니다. 넷플릭스 등 온라인 기반 스트리밍 서비스의 발전은 오프라인 비디오, CD, DVD 기업들을 고사시켰습니다. 변화의 속도가 빨라질수록 변화에 적응하지 못하는 기업은 늘어나고 그만큼 사라지는 기업도 많게 됩니다.

한국지엠은 미국 GM제너럴모터스이 대우자동차를 인수해 2002년 탄생한 회사입니다. 거대 다국적기업이라 할 수 있습니다. 이 회사는 2018년 군산 공장을 폐쇄했습니다. GM은 이미 러시아와 호주 등에서 철수하거나 사업을 중단한 상황입니다. 글로벌 자동차시장에서 경쟁력을 잃은 게 주요 이유입니다. 군산 공장 폐쇄 이유 역시 같습니다.

수출이 안 돼도 국내 시장에서 경쟁력이 있다면 계속 가동했을 겁니다. 하지만 국내 시장 판매도 부진했습니다. 기업으로서는 공장을 가동해 얻는 이익보다 폐쇄함으로써 얻는 이익이 크다고 판단했을 겁니다.

이런 한국지엠의 폐쇄 결정은 즉각적으로 지역 경제에 악영향을 미치게 됩니다. 군산의 실업률은 급증했고 지역 상권은 초토화됐습니다. 2018년 5월 군산 공장 폐쇄가 있고 난 뒤 전라북도 내 취업자는 1년 전보다 14,000명이나 줄었습니다. 제조업에서 5,000명, 도소매 · 숙박 · 음식점은 18,000명, 개인 서비스는 6,000명 등이 감소했습니다. 다국적기업 공장 한 곳이 문을 닫았는데 지역 경제 자체가 무너진 것입니다. 만약 GM이 한국에서 전면 철수하게 되면 해당 기업 직원은 물론 하도급업체 노동자까지 일자리를 잃습니다. 뿐만 아니지요. 주변 식당 및 도소매점, 미용실 등 서비스 업종까지 연쇄적인 타격을 받게 됩니다. 대기업 하나가 무너지면 지역 상권 자체가 초토화됩니다.

한국지엠이 한국 경제에서 차지하는 위상이 크다고는 할 수 없습니다. GM이 철수한다고 해서 한국 경제가 붕괴하지는 않을 겁니다. 하지만, 경제 규모가 작은 나라들의 경우는 다릅니다. 거대기업 철수로 인한 경제적 타격이 막대할 수밖에 없겠지요.

다국적기업의 철수는 왜 문제가 될까?

돈이 생기면 누구나 좋아합니다. 용돈이 생기거나 월급을 받게 되면 기분이 좋아지지요. 쇼핑도 할 수 있고 친구나 가족과 외식도 할 수 있습니다. 소비 여력이 생기지요. 국가라고 다르지 않습니다. 외국에서 돈이 들어오면, 그것도 장기적인 투자자금이 유입되면 해당 국가 경제엔 긍정적인 영향을 주게 됩니다.

특히, 개발도상국은 더욱 그렇지요. 외국 자본이 들어오면 공장도 짓고 사람도 뽑습니다. 낙후된 곳이 개발되고 실업률은 낮아집니다. 농업 등 1차 산업에 치우친 산업구조를 빠르게 바꿀 수도 있지요. 생산이 늘어나고 고용이 늘면서 소비 여력 역시 증가합니다. 세금 수입도 많아지게 됩니다. 개발과 성장이란 두 마리 토끼를 잡을 수 있는 거지요.

사실, 외국 유수 기업의 투자는 개발도상국뿐만 아니라 선진국 역시 반가울 수밖에 없습니다. 새로운 기업이 들어온다는 것은 그만큼 경제 전반에 긍정적인 영향을 주기 때문입니다. 미국은 한국의 반도체 기업 유치를 위해 백악관까지 나섭니다. 첨단기술을 보유한 외국 기업 유치는 모든 나라가 원하는 것입니다. 해당 기업이 자국에 있다는 상징성 이외에도 그 기업이 보유한 핵심 기술을 배울 좋은 기회가 되기 때문입니다. 기술은 기업은 물론, 국가의 핵심 가치입니다. 특정 기술을 갖고 있느냐 그렇지 않으냐에 따라 기업 및 국가 경쟁력이 결정됩니다. 모든 나라가 자국엔 없거나 부족한 해외 유수 기업 유치에 사활을 거는 이유입니다.

이런 이유로 각국 정부는 외국 투자 기업에 각종 지원과 혜택을 주는 유인책을 쓰게 됩니다. 공장 대지 등도 싸게 공급하고 세금도 깎아 줍니다. 전기료나 용수 사용료를 낮춰주는 일도 있지요. 거대기업이 들어올 땐 도로나 전력망도 건설해줍니다. 그만큼 해외 유수 기업 유치에 국가 간 경쟁이 치열하기 때문입니다. 2021년 말, 삼성전자는 미국 텍사스에 반도체 공장을 짓기로 했습니다. 이에 미국 정부는 공장 대지 주변의 도로 건설은 물론 토지 재산세 감면, 보조금 지급, 반도체 설비 · 장비 투자 세액공제를 해주기로 했습니다. 그만큼의 혜택을 삼성전자에 제공하기로 한 겁니다. 유수 기업이 들어오면 해당국엔 그 이상의 긍정적인 영향을 주기 때문입니다.

문제는 이들 기업이 철수할 때 발생합니다. 기업의 목적은 '돈을 버는 것'에 있습니다. 돈벌이가 시원치 않거나 돈벌이에 도움이 되지 않는다면 사업을 접게 됩니다. 이건 어떤 기업이나 같습니다. 다만, 다국적기업의 경우는 사업 철수에 더 과감할 수 있습니다. 국내 기업이라면 자국 경제에 미치는 영향, 국민 정서 등을 고려해 신중한 행보를 보이는 게 일반적입니다. 하지만, 다국적기업은 이런 측면에서 비교적 자유롭습니다. 눈치를 덜 보게 된다는 얘기입니다. 무엇보다 다국적기업으로서는 자회사 하나를 없애는 것뿐입니다. 회사 전체가 아닌 일부분만을 없애는 거지요. 타격은 입겠지만 치명상은 아닙니다. 철수 결정이 국내 기업보다 쉽겠지요.

다국적기업의 철수로 인한 가장 큰 문제점은 일자리가 사라진다는 것입니다. 일자리를 잃은 노동자는 쉽게 다른 일을 구하지 못합니다. 경력을 살려 일자리를 얻어야 하는데 그런 일자리를 구하는 게 쉽지 않습니다. 설사 다른 지역에 일자리가 있어도 생활 터전을 옮겨야 하니, 쉽지 않은 일입니다. 자동차회사 조립 직종에 있던 사람이 다른 직종에 쉽게 적응할 수 있을까요? 또는 군산에서 직장 생활을 하던 사람이 인천으로 옮기는 데는 결단이 필요합니다. 실직은 수입원이 사라진다는 것을 뜻합니다. 자본주의 세상에서 수입이 없다는 것은 살아갈 동력을 잃는 것과 같습니다.

규모가 큰 다국적기업의 철수가 일자리에 미치는 영향은 생각보다 큽니다. 직접 고용한 인력 이외에도 협력업체 직원 등 간접 고용한 인력까지 일자리에 위협을 받기 때문입니다. 게다가 주변 식당 등 서비스업체까지 영향을 받으면서 실직의 부정적 영향은 광범위하게 번지게 됩니다.

외국에서 있었던 예를 들어보겠습니다. 미국 GM이 호주에 진출한 것은 1926년이었습니다. 긴 시간, 호주 회사인 HMBB란 회사와 사업을 같이 하면서 마침내 1931년 그 회사를 인수해 GM홀덴이란 회사를 설립합니다. 완성차 업체입니다. 약 90년의 오랜 역사를 가진 GM홀덴은 위기를 맞게 됩니다. 호주 시장 내 점유율은 하락하는 데 비해 생산비용은 높아졌습니다. 협소한 호주 시장에서의 경쟁력 약화가 주요 원인이라 할 수 있겠지요. 이런 회사가 2013년에 철수를 발표하고 실제로 2017년에 철수합니다. 이에 따라 약 20만 명이 영향을 받은 것으로 알려졌습니다. 90년 동안 호주에서 기업 활동을 했다면 호주의 국민기업이라 할 수 있습니다. 이런 회사가 철수했다는 것은 다국적기업의 맨얼굴을 그대로 보여주는 것이라고 할 수 있습니다.

부정적 영향을 최소화할 방안들

그럼 어떻게 해야 다국적기업의 부정적 영향을 줄일 수 있지?

다국적기업의 철수는 노동자와 지역사회 더 나아가 국가 경제에 부정적 영향을 미칩니다. 하지만, 이런 우려에도 불구하고 투자 자유화라는 국제질서 흐름에 역행하기는 쉽지 않습니다. 외국 자본의 긍정적 역할도 투자유치국으로서는 뿌리치기 힘든 매력이지요.

사실, 세계화라는 흐름은 투자 자유화와 동시에 투자 · 투자자 보호를 매우 중시합니다. 2000년대 중반, 우리가 미국과 자유무역협정한미FTA을 체결할 때 가장 문제가 됐던 조항이 있습니다. 바로, 투자자-국가소송제도ISD란 건데요. 외국인 투자자가 협상을 체결한 국가에 투자할 때, 체결국에 의해 자산 손실을 봤을 경우 그 국가를 국제투자분쟁해결센터ICSID에 제소할 권리를 주는 조항입니다. 투자자가 투자 대상 국가의 정책이나 조치 등으로 손해를 입으면 국제 중재절차를 통해 배상을 청구할 수 있는 겁니다.

좋은 사례가 있습니다. '블랙머니'란 영화로도 잘 알려진 사건이죠.

영화 '블랙머니' 포스터

1997년 한국은 외환위기를 맞게 됩니다. 80, 90년대 승승장구하던 한국 경제에 최대 위기가 닥친 거지요. 수많은 기업이 파산하고 실직자들이 넘쳐나던 암울한 때였습니다. 외환위기는 대기업은 물론 한국의 은행들까지 흔들리게 했습니다. 정부로서는 어떻게 하든 은행 파산은 막아야 했습니다. 기업들이 부도를 내며 파산하는데 은행이 위험해지는 건 당연한 일입니다.

당시 한국을 대표하는 은행 중 하나였던 외환은행도 같은 처지였습니다. 누군가가 인수해야 하는데 한국 기업들은 그럴 여력이 없었습니다. 이때 외국 자본이 나서게 됩니다. 이들에게 자산가치가 폭락한 한국 기업들은 좋은 먹잇감이었지요. 론스타라는 미국계 사모펀드가 인수하게 됩니다. 사모펀드는 소수의 투자자로부터 모은 자금을 운용하는 펀드를 말합니다. 소수의 투자자라 하지만 이들은 거부이거나 돈 많은 기업들입니다. 사모펀드의 운용액은 상상을 초월합니다. 몇조 원 단위가 아니라 몇백조 원의 돈을 운용합니다. 이들은 돈을 좇습니다. 돈이 되는 거라면 투자에 제한을 두지 않습니다.

2003년, 론스타는 외환은행을 헐값에 인수합니다. 2조 1,549억 원을 투자했습니다. 그리고 2012년 초 하나금융지주사에 다시 최종 매각합니다. 론스타가 외환은행을 인수해서 매각할 때까지 거둔 이익은 천문학적입니다. 2006~2010년 배당금으로 9,333억 원, 2010년 결산배

론스타 로고(출처: 웹사이트)

당금으로 2,797억 원, 일부 지분 매각 대금으로 1조 1,928억 원, 잔여 지분 매각 대금으로 4조 6,888억 원 등 합계 7조 1,275억 원을 챙겼습니다. 약 10년 만에 5조 원 가량의 차익을 챙기고 한국을 떠난 겁니다.

론스타의 탐욕은 이에 그치지 않습니다. 매각 절차가 완료되자마자 2012년 5월 대한민국 정부를 상대로 국제투자분쟁해결센터에 제소합니다. 투자금을 회수하는 과정에서 한국 정부가 부당하게 개입해 손해를 입었다는 겁니다. 한국 정부 때문에 외환은행 매각이 지연되었다면서, 자신들이 보유한 외환은행 주식을 매각할 때 한국 정부가 승인을 고의로 늦췄다는 겁니다. 또, 한국에 낸 세금이 부당하다는 주장도 합니다. 소송 가액은 자그마치 당시 환율로 5조 원에 달합니다.

이 사건은 어떻게 진행됐을까요? 무려 10년이 흐른 2022년 8월에 이 사건에 대한 국제투자분쟁해결센터 중재재판부의 최종 판결이 내려졌습니다. 핵심은 한국 정부가 론스타에 약 2,800억 원(당시 환율 기준)을 배상하라는 겁니다. 론스타가 일부 승소, 한국 정부가 일부 패소한 겁니다. 외국 기업, 자본은 이처럼 끈질깁니다. 이익을 위해서라면 수단과 방법을 가리지 않는 게 일반적입니다.

모든 국가는 자국의 이익을 위해 외국 자본을 받아들입니다. 기업 역시 같은 목적으로 타국에 진출합니다. 다국적기업의 진입과 철수는 누구에게 일부러 손해를 끼치기 위해서가 아니라 이익을 좇아 결정됩니다. 대내외적인 변화에 따라 세계 여러 곳의 생산 공정을 조정하는 것에 불과합니다. 가령, 특정국에 진출한 자회사의 생산비가 오르거나 시장 점유율이 하락하면 다른 곳으로 생산기지나 기타 판매망을 옮기는 것입니다. 그렇다고 해도, 이들 중에는 분명 론스타와 같이 외국 자본 유치를 위해 정책적으로 제공한 혜택만 보고 철수하는 기업도 있습니다. 분명한 것은 외국 기업은 언제든 철수할 수 있다는 것입니다. 이를 막아야 하겠지요. 또, 외국 기업의 철수로 인한 사회문제에 대응하는 방안도 마련할 필요가 있습니다.

우선 외국 투자기업의 약속이 지켜질 수 있도록 그 이행 여부를 자세히 감시할 필요가 있습니다. 국가에서 제공하는 각종 혜택이란 단맛만 보고 철수하려는 기업들에 대해서는 제재가 필요할 것입니다. 필요한 경우엔 이런 혜택을 회수할 수 있는 정책도 필요할 것입니다.

사실, 개발도상국에서는 이런 일을 막기 위해 외국 자본의 100% 투자를 제한하기도 합니다. 중국의 경우엔 주요 산업에 대해 외국인은 100% 지분을 가질 수 없습니다. 희토류, 영화 제작 및 배급, 통신, 의료, 교육 등이 대표적입니다. 자동차 업종도 제한이 있었지만 2022년부터 외국인 투자 지분이 100%까지 허용되었습니다.

이런 조치는 어찌 보면 당연합니다. 대부분의 개도국 산업은 유치 단계입니다. 유치산업이란 유치원을 생각하시면 됩니다. 성장 잠재력은 있지만 아직은 발달 초기 단계에 있는 산업을 말합니다. 경쟁력이 약하다는 얘기지요. 이런 경우 외국인 투자 100%를 허용하면 자본 유치국 입장에서는 얻을 것이 별로 없습니다. 자국인이 경영에 참여해야 기술도 습득할 수 있고 다국적기업의 번덕스러운 철수에도 대응할 수 있겠지요. 대부분 국가는 자국 산업이 유치 단계를 벗어나 경쟁력을 갖췄을 때 비로소 외국 기업에 문을 활짝 엽니다. 중국이 대표적입니다. 중국은 유치 단계였던 자동차 산업이 발달해 경쟁력을 갖추게 되자 외국 기업에 문을 열었습니다. "투자하려면 투자해라. 이제 우리도 자신 있다"란 의지를 보인 것입니다.

다국적기업의 철수는 여러 가지 사회문제를 낳습니다. 노동자의 실직, 주변 서비스에 종사하는 영세자영업자의 경영난 등이 대표적이지요. 따라서 이들 피해 집단에 대한 사회안전망 강화와 이들의 신속한 업종 전환을 돕는 직업 훈련과 같은 조치들이 필요합니다.

다국적기업의 진입과 철수는 자본의 이동이라는 점에서 세계화의 상징적 모습이고, 이는 세계화 진전에 따라 지금보다 빈번해질 수밖에 없습니다. 부작용이 두렵다고 다국적기업을 막을 수 없는 게 현실이고, 또 그렇게 한다고 해서 우리가 얻을 수 있는 게 없습니다. 무엇보다 우리 기업들 역시 지금보다 더 많이 세계에 진출해야 대한민국의 발전이 있습니다. 다만, 다국적기업 및 외국 자본의 무분별한 유입은 경계할 필요가 있겠지요. 한국의 기술이 발전하면서, 기술 탈취를 위한 외국 자본의 유입도 많아지는 추세입니다. 이들의 목적은 분명합니다. 기술 습득이 끝나면 미련 없이 지분을 팔 거나 회사를 정리하고 철수합니다. 이런 경우의 자본 투자에 대한 제한은 필요합니다. 그것이 그 부작용을 줄이는 최선책이라 할 수 있을 겁니다.

다국적기업과 문화

혹시 '소프트파워soft power'란 말을 들어봤나요? 물리적 힘보다는 보이지 않는 가치를 통한 힘을 말합니다. 언어나 문화가 갖는 힘이 대표적입니다.

군사력이나 경제력 같은 힘은 눈에 보입니다. 이런 힘을 '하드파워hard power'라 합니다. 현재 전 세계에서 가장 강한 하드파워를 갖고 있는 국가는 단연코 미국입니다. 미국은 20세기 이래 패권국가입니다. 군사적 힘이나 경제력을 바탕으로 다른 나라에 엄청난 영향을 끼칩니다. 미국의 결정이나 말 한마디에 세계질서가 결정되는 일은 매우 흔합니다. 하지만, 패권국가가 되려면 하드파워 못지않게 소프트파워가 중요합니다. 물리적 힘은 상대편의 반발을 부르기 쉽습니다. 상대편을 내 편으로 만드는 데 한계가 있지요. 폭력이나 돈을 이용해 상대편을 굴복시킬 수는 있지만 그것이 영원할 수는 없습니다. 이때 중요한 역할을 하는 게 소프트파워입니다. 이 힘은 상대방의 마음을 열게 합니다.

패권이나 국가의 위상은 소프트파워로 완결됩니다. 문화로 세계를 지배하지 않고는 패권은 불가능합니다. 20세기 이래 미국 문화는 세계를 지배하고 있습니다. 독보적인 위상을 갖고 있다고 할 수 있죠. 미국의 영화와 TV 드라마, 영어는 전 세계에 걸쳐 유통·소비되고 있습니다. 이를 통해 미국은 호감도를 높여왔습니다. 전 세계인 중 미국과 미국인을 싫어하는 사람은 많지 않습니다. 이것은 미국 기업에 대한 호감으로 이어지는 게 일반적입니다. 마이크로소프트나 스타벅스, 나이키, 구글, 애플과 같은 미국의 다국적기업이 현지화에 쉽게 성공할 수 있는 것도 이 때문이라 할 수 있습니다.

스타벅스가 바꾼 한국의 커피 문화

한국인의 커피 사랑은 유별납니다. 커피가 유입된 지 이제 100년이 조금 넘은 나라의 커피 소비량이 세계 6위에 달할 정도입니다. 한국인 대부분은 하루를 커피로 시작합니다. 시골 할머니들의 '모닝커피'는 소소한 행복이 된 지 오래입니다. 점심시간 도심의 직장인이 손에 쥐고 있는 건 테이크아웃 커피입니다. 우리나라 성인 1인당 커피 소비량은 2023년 기준 연간 405잔으로 세계 평균 소비량 152잔의 약 2.7배 수준입니다.

커피값은 절대로 싸지 않습니다. 한 끼 식사비와 비슷하거나 조금 낮은 수준입니다. 1인당 소득 2만 달러를 달성했던 2006년 이전에는 식사 후 100~200원짜리 자판기 커피나 커피믹스를 마시는 경우가 대부분이었습니다. 당시 거리엔 커피자판기가 넘쳐났습니다. 몇천 원에 달하는 돈을 내고 커피를 마시는 것은 일부 계층에 국한된 사치로 인식됐죠. 스타벅스가 국내 1호점을 오픈한 게 1999년 7월이었습니다. 매장 100호점을 돌파하고 거의 매년 100개씩 매장 수를 늘리던 시기가 2004년 무렵이었습니다. 소득이 늘면서 커피 소비 형태가 변화했다고 볼 수 있겠지요. 하지만 그 못지않게 한국인의 소비 행태를 바꾼 건 바로 스타벅스가 창조한 '문화'였습니다.

2004년 스타벅스가 국내 최초로 대학 캠퍼스에 입점을 추진하자 일부 학생들은 불매 운동을 벌였습니다. 지금으로선 '왜?'라는 의문이 들겠지만, 당시엔 굉장한 사회적 관심 사항이었습니다. 외국산 문물에 대한 거부감에 더해 사치를 조장한다는 명분까지 더해져 반대가 심했습니다. 그런데 채 20년도 지나기 전에 세상이 180도 바뀌었습니다. 소비하는 커피 종류가 다양해졌을 뿐만 아니라 마시는 방법, 장소도 크게 변했습니다. 한 마디로, 커피 문화 자체가 바뀐 겁니다. 커피나 음료를 마시며 환담을 나누던 다방은 카페로 발전했고, 청년들은 이제 그곳에서 웹서핑을 하거나 책을 읽습니다. 직장인들은 업무도 보지요. 한국인들에게 이제 커피와 카페는 일상이 된 것입니다.

혹시 로테크Low-Tech 분야라는 말을 들어봤나요. 반도체나 인공지능과 같은 첨단산업 분야가 아니라 기술이 그다지 필요 없는 산업 분야를 말합니다. 단순 기술만 있으면 누구나 진입할 수 있는 분야를 말합니다. 식음료 산업도 그중 하나입니다. 기술 장벽이 낮아 누구나 쉽게 진입할 수 있습니다. 생각해보십시오. 바리스타 교육 몇 달만 받으면 쉽게 커피숍을 열 수 있습니다. 한데, 스타벅스는 어떻게 이런 로테크 산업 분야에서 세계 독보적 기업으로 성장할 수 있었을까요? 가장 진입 장벽이 낮은 상품을 팔면서 2023년 말 기준 전 세계에서 3만 8,587개의 매장을 운영하는 비결은 무엇일까요?

스타벅스는 바로 '문화'를 팔기 때문입니다.

스타벅스 이전까지만 해도 커피는 실내에서 즐기는 음료였습니다. 들고 다니면서 먹는 건 극히 예외적인 경우였습니다. 스타벅스는 이런 관행을 깼습니다. 테이크아웃 커피 문화를 선도한 거지요. 에스프레소를 대중에게 선보인 것도 스타벅스였습니다. 커피믹스 위주였던 커피 시장에 고급 커피를 선보이고 이를 대중화했습니다. 변화와 유행에 민감한 젊은 층을 중심으로 문화적 · 사회적 변화를 주도한 것입니다.

커피숍의 변화도 이끌었습니다. 친구나 친지를 만나 커피를 마시며 환담을 나누던 장소로 주로 쓰이던 곳이 공부하거나 업무를 보는 장소로 바뀌었습니다. 실내조명도 환해졌고 인테리어도 깔끔해졌지요. 단지 사람을 만나거나 커피만 마시는 장소가 아니고 즐겁고 친밀한 분위기를 느낄 수 있는 감성적 공간으로 태어난 것입니다. 무엇보다 가장 좋은 위치와 상권에 매장을 개점함으로써 고급스러움을 강조했습니다. 스타벅스 매장에서 커피를 마시는 것은 중산층 이상이 누릴 수 있는 고급문화라는 점을 강조한 것입니다. 스타벅스는 '신뢰'와 '고급'이라는 확고한 브랜드 이미지를 쌓았습니다.

커피의 문화화를 이끈 건 스타벅스였습니다. 한국의 커피 문화는 스타벅스 이전과 이후로 나눌 수 있을 정도입니다. 스타벅스코리아 홈페이지에 접속해 가장 먼저 나오는 문구를 보면 스타벅스가 문화를 이용해 어떻게 한국의 커피 시장을 장악했는가를 알 수 있습니다.

"커피 이상의 특별한 경험을 소개합니다. 스타벅스가 일상을 풍요롭게 하는 제3의 공간으로서 지역사회 속에서 고객과 함께하며 새로운 커피 문화를 정착시키고 있습니다."

'제3의 공간'이란 개념은 스타벅스가 창조한 용어가 아닙니다. 미국 사회학자 레이 올덴버그가 사용한 용어로 제1의 공간은 가정, 제2의 공간은 직장, 그 외의 것이 제3의 공간입니다. 현대인들은 휴식이나 여가 등을 중시합니다. 그때 주로 이용하는 공간은 상업적 목적의 공간이지요. 스타벅스는 제3의 공간을 강조함으로써 휴식과 여가 더 나아가 업무 공간으로 자신의 매장을 강조한 것입니다. 특정 공간을 남의 눈치를 보지 않고 이용할 수 있다는 것은 지극히 매력적입니다. 과거에는 커피숍을 이용할 때

주인과 종업원의 눈치를 봐야 했습니다. 하지만, 스타벅스에서는 커피 한 잔을 시켜놓고 개점부터 폐점 시간까지 있어도 문제가 없습니다. 음료를 시키면 누구에게도 방해받지 않는 '공간의 사유화'가 가능해진 것입니다. 이로써 개인주의 경향이 강한 젊은 층에 인기가 있을 수밖에 없는 환경이 조성된 거지요. 동시에, 스타벅스가 그런 경향이나 문화를 촉진했다고 볼 수도 있습니다. 스타벅스에 앉아 거리 풍경을 보면서 태블릿이나 노트북을 앞에 놓고 음악을 듣거나 공부하는 것은 젊은이들의 소소한 행복이 됐습니다. 이 모두는 스타벅스가 만들어 낸 문화라 할 수 있겠지요.

스타벅스가 한국을 포함한 세계의 문화 일부를 바꾼 겁니다.

문화를 만들어내는 주체는 기업

문화의 힘은 이처럼 강렬합니다. 그렇다면 현대 사회에서 문화를 창조해 내는 주체는 누구일까요? 국가나 개인이 아닌 기업이 주로 만듭니다. 생각해보십시오. 마이크로소프트나 애플은 세계를 일시에 변혁시켰습니다. 마이크로소프트가 없었다면 오늘날과 같은 컴퓨터 · IT 문명은 불가능했을 겁니다. 애플이 아니었다면 핸드폰이 오늘날과 같은 역할을 할 수 없었을 겁니다. 넷플릭스는 영화와 드라마 문화 자체를 바꾸고 있습니다. 맥도날드나 코카콜라는 세계의 음식 문화를 바꾸고 있지요. 기업의 파괴적 혁신은 세계의 모습, 문화까지 바꿉니다.

우리도 실감하고 있지요. 대표적으로 K-팝을 들 수 있습니다. BTS는 전 세계에 걸쳐 엄청난 팬덤을 보유하고 있습니다. 2019년 8월 15일 기준으로 BTS 팬카페 회원 수는 150만 명에 달합니다. 팬커뮤니티 위버스의 회원 수는 2021년 5월 1,000만 명을 넘었습니다. 이들의 BTS 사랑은 한국인과 문화에 대한 호감으로 연결됩니다. 동시에 한국 기업에 대한 신뢰로 이어지고 있지요. BTS, '오징어게임', '기생충'과 같은 문화상품은 단순한 일개 상품이 아닙니다. 그 어떤 제품이나 물건보다 한국의 위상을 일시에 높입니다.

덕분에 한국 기업들은 그 수혜를 봅니다. 대표적인 게 한국 음식입니다. 한국 음식이 해외에 알려지기 시작한 것은 1988년 서울올림픽 이후라 봐야 합니다. 그 종류도 매우 제한적이었습니다. 기껏해야 김치, 불고기, 비빔밥,

갈비 정도였습니다. 한국 음식이 해외에 본격적으로 알려진 것은 2000년대 이후였습니다. 당시는 한국 드라마와 노래가 전 세계적으로 인기를 끌 때입니다. 이런 문화상품은 한국 기업이나 그 제품에 관심을 증폭시키는 계기가 됐습니다. 이제 한국 음식은 변방이 아닌 주류로 자리를 잡아가고 있습니다. 켄터키프라이드치킨으로 대표되는 치킨 종주국 미국에서 한국 치킨이 유행하고 있고, 빵 종주국인 프랑스에서 한국 빵이 팔리고 있습니다. 우리나라의 치킨 브랜드 중 하나(제너시스BBQ)는 2020년 기준, 미국에서 가장 빠르게 성장하는 외식 브랜드 5위에 들 만큼 현지 반응이 좋다고 합니다. 한국 치킨은 미국에서만 인기를 끌고 있는 게 아닙니다. 동남아 등에서도 많은 사람이 찾고 있습니다.

문화의 힘은 생각보다 큽니다. 우리가 미국 기업 및 미국에 대해 부정적인 이미지를 그리 크게 갖지 않는 데는 미국의 소프트파워가 한몫했습니다. 영어는 독보적인 국제 공용어이고 미국 드라마나 영화는 일상으로 접할 수 있습니다. 이런 문화상품을 통해 우리는 미국 문화 전반에 매우 익숙해졌습니다. 우리가 눈치채지 못하는 사이에 다른 민족, 타 국가에 대한 이질감이 사라져 버린 겁니다.

동시에 그들 문화를 동경하게 되기도 하지요. 가령, 드라마 속 주인공이 입은 옷, 먹는 음식 등에 대해 나도 입고 싶고, 먹고 싶다고 생각합니다. 이런 동경은 해당 기업이 국내에 진출할 때 장벽을 없애줍니다. 이들 기업이 한국에 진출하는 것을 반기는 현상이 발생하게 됩니다. 좋은 예가, 미국 프리미엄 햄버거 브랜드 쉐이크쉑 한국 1호점이 강남에 오픈했을 때입니다. 2016년 오픈 당시, 햄버거를 먹기 위해 몇 시간씩 줄을 서며 기다리는 진풍경이 연출됐지요. 이 매장은 문을 연 지 1년도 되기 전에 전 세계 120여 매장 중 매출 1위를 기록했다고 합니다. 이 브랜드는 2024년 2월 현재, 한국에서만 26개 점포를 운영하며 순항 중이지요.

세계화는 기업이 국경을 자유자재로 넘을 수 있도록 수많은 장벽을 낮췄습니다. 여기에 온라인 · 모바일로 경제 환경이 새롭게 재편되면서 거의 모든 기업은 국경이란 장애물을 쉽게 넘을 수 있게 됐습니다. 그럼에도 여전히 장벽은 존재합니다. 민족주의와 국가주의는 여전히 타국 및 그 상품에 배타적인 정서를 만들어냅니다. 한데, 그 장벽마저 기업이 생산해 낸 소프트파워로 무기력해지고 있습니다. 이제 문화를 팔지 않는 기업은 성공할 수 없습니다.

언어, 전통 등의 장벽을 일시에 허물 수 있는 게 바로 문화이기 때문입니다. 이를 다국적기업은 잘 알고 있습니다. 그래서 이들은 어떻게 하든 문화를 창조해 내고 전파하려 합니다.

세계화, 다국적기업이 만들어내는 문화의 부작용

각국의 문화가 비슷해지면 좋기만 할까?

세계화란 모든 나라가 물건과 사람의 자유로운 교역, 왕래를 통해 한 국가처럼 생활한다는 뜻입니다. 결국은 국경을 허문다는 얘기와 같지요. 21세기 들어 세계화 현상은 더욱 깊어졌습니다. 국가와 국가, 지역과 지역의 상호 의존성은 더욱 커지고 있는 상황입니다. 마치 가족의 상호 의존성이 크듯이 말입니다.

이런 세계화의 흐름은 국가의 의미를 퇴색시키고 있습니다. 2022년 베이징 동계올림픽을 보면 이런 현상을 피부로 실감할 수 있습니다. 올림픽 출전권을 얻기 위해 국적을 바꾸는 선수들을 심심치 않게 볼 수 있습니다. 감독과 코치는 말할 것도 없습니다. 국적을 바꾸지는 않지만,

우리나라 국적의 사람이 외국 감독이나 코치로 활동하는 것은 이제 흔한 일이 됐습니다. 20세기였다면 그들은 '매국노'라 비난받았을 겁니다. 하지만, 이런 일은 이제 일상이 되었죠. 모두가 세계화로 인한 인식의 변화 때문입니다. 하물며 기업은 말할 것도 없습니다. 기업에 국적이나 국가는 과거만큼 큰 의미를 갖지 않습니다. 오직 이익과 시장만이 중요할 뿐이죠.

2022년 베이징 동계올림픽(출처: 위키미디어)

국경이란 개념은 이제 점점 희미해지고 있습니다. 우리나라 사람들은 국경이라고 하면 DMZ 철책처럼 양국 군인들이 365일 24시간 지키는 광경을 생각합니다. 그렇지 않습니다. 유럽의 경우 검문소도 거의 없습니다. EU 국가 간에는 이제 더 이상 검문하지 않습니다. 신분증 검사도 하지 않습니다. 삼면이 바다이고 북으로는 갈 수 없는 한국인에게 국경은 실재하는 장벽이지만, 유럽에서는 강이나 다리를 건너듯 국내 여행을 하듯 쉽게 넘을 수 있는 것입니다. 더 이상 장벽이 아닙니다. 다른 나라에 대한 구분과 경계가 허물어진 것이지요. 자유로운 이동은 사회문화 장벽까지 허뭅니다.

부작용은 없을까요? 여러분은 다양성이 얼마나 중요한지에 대해서 배웠을 겁니다. 한데, 세계화와 다국적기업의 범람은 이런 다양성이 사라지게 만듭니다. 세계 어디를 가도 문화 경관이 점차 비슷해지는 것을 볼 수 있습니다. 대도시의 모습은 어느 나라나 비슷합니다. 뉴욕처럼 높은 건물로 가득 채워져 있습니다. 중국의 대도시도 고층 아파트가 숲을 이루고 있습니다. 서울과 별반 차이가 없지요. 침실 모습도 비슷합니다. 거의 모든 국가가 이제는 침대에서 생활합니다. 국가 간 차이가 없어지는, 다양성이 실종된 시대에 살고 있는 겁니다. 획일화된 세계로 나아가고 있는 거죠.

문제는 이런 단일화 · 획일화가 힘을 가진 국가나 기업에 의해 주도되고 있다는 데 있습니다. 바로 소프트파워를 가진 국가의 문화가 일방적으로 전파된다는 데 있습니다. 미국 영화, 일본 애니메이션, 한국 드라마 등이 대표적이지요. 우리나라에서는 지금도 스크린 쿼터제가 시행되고 있습니다. 국내 영화산업을 보호하기 위해 영화관이 일정 기간 한국 영화를 상영하도록 의무화한 제도를 말합니다. 오죽했으면 이런 법을 만들었을까요? 법으로 보호하지 않으면 외국 영화 특히 미국 영화의 범람으로 한국 영화가 설 자리가 없을 거란 우려를 반영한 겁니다. 우리나라와 같은 선진국도 이 정도인데 개발도상국은 어떻겠습니까? 홍수처럼 밀려드는 문화상품으로 전통문화는 일시에 사라질 수 있습니다. 결국은 문화 식민지로 전락하게 되는 겁니다.

다국적기업의 진출로 인해 식습관이 변한 사례로 가장 흔히 거론되는 게 일본 오키나와입니다. 오키나와는 일본에서도 장수지역으로 손꼽혔던 곳입니다. 오키나와 사람들의 전통 식재료는 여주, 쑥, 씀바귀 등이었습니다. 채식 위주의 식단이었습니다. 한데, 미군이 1945년부터 주둔하면서 상황이 바뀌었습니다. 1963년 오키나와에 진출한 미국 햄버거 식당 A&W는 27개의 점포를 운영 중이고, 켄터키프라이드치킨의 인구 당 점포 수는 오키나와가 일본에서 가장 많습니다. 미스터도넛은 전국 3위, 맥도날드는 전국 8위입니다. 일본 전체 면적의 0.6%에 불과한 작은 섬 오키나와에 세계적인 패스드푸드점들이 밀집해 있는 겁니다. 당연히 오키나와 주민의 식습관은 변했겠지요.

이런 식습관의 변화는 '오키나와=장수촌'이라는 신화를 무너뜨렸습니다. 2000년 '26 쇼크'를 경험하게 됩니다. 1위를 자랑하던 오키나와 남성의 평균 수명이 일본 26위로 떨어진 겁니다. 이를 '26 쇼크'라 합니다. 저지방, 저염분, 소식으로 대표되는 오키나와 식단이 서구식으로 바뀌면서 비만 인구가 증가하면서 벌어진 일입니다.

음식이나 문화에 '전통'이라는 표현이 어울리지 않을 수도 있습니다. 현재 우리가 먹는 김치도, 한복도 세월과 함께 변한 것이기 때문입니다. 사실, 문화란 고정된 것이 아닙니다. 끊임없이 환경과 다른 문화와의 접촉을 통해 변하는 것이지요. 그런 의미에서 오키나와 음식이 미국의 영향을 받아 이런저런 형태로 바뀌는 것은 자연스러운 일입니다. 다만, 그것이 국가든 기업이든 특정한 힘에 은연중에 강요당하는 거라면 문제가 있을 수밖에 없겠지요.

다국적기업은 교묘한 방식으로 자신들의 문화를 전파

합니다. 가격, 상징성, 높은 마케팅 능력을 무기로 순식간에 시장을 장악해 나갑니다. 그러는 사이 소비자들의 취향, 입맛 등은 이들의 제품에 길들게 됩니다. 콜라와 햄버거를 일상으로 즐기고 외국산 브랜드를 입어야 만족합니다. 그들이 만들어낸 문화에 동화되어 버리는 거죠. 우리도 모르는 새 전통 음료인 식혜나 전통차를 멀리합니다. 국산 브랜드에 대한 충성심도 옅어지죠. 너도나도 커피를 마시고 나이키 운동화를 신습니다. 다양성은 사라지고 획일화된 우리만 남는 겁니다.

다양성은 매우 중요합니다. 다양성을 인정할 때 비로소 다른 문화를 존중할 수 있게 됩니다. '핫'한 브랜드의 옷을 입지 않은 사람도 비로소 인정할 수 있게 되는 겁니다. 무엇보다 자신의 문화를 열등하다고 생각하는 패배주의를 극복할 수 있게 합니다. 자신이 남들과 똑같은 옷을 입고 비슷한 음식을 먹지 않아도 자신을 귀하게 여길 수 있는 겁니다. 다양한 문화가 융합되고 있는 세계화 시대에 타문화를 무조건 배척할 수는 없습니다. 그렇다고 맹목적으로 타문화를 수용하는 것도 문제겠지요. 중요한 건, 문화 정체성을 지키면서 주체적인 태도로 타문화를 적절히 수용하는 자세일 겁니다.

다국적기업과 노동

"더 큰 이익을 얻으려면 원가를 낮출 필요가 있어."

"하지만 부장님, 원재료는 더 이상 가격을 낮출 수 없습니다."

"그러니까 인건비를 낮춰야지. 해답은 인건비가 낮은 국가로 공장을 옮기는 것뿐이야."

"그러면 어디로 옮기죠? 중국이 제일 가깝고 인건비도 저렴하니 중국으로 하죠."

"아니야. 요즘은 중국도 인건비도 많이 오르고 있고 정부의 기업 규제도 심해지는 추세야. 베트남이나 중남미가 좋을 것 같아. 이들 국가 중에서 가장 이익을 많이 낼 수 있는 곳을 찾아봐."

오늘도 수많은 기업이 이런 이유로 해외로 진출합니다. 다국적기업이 되는 거죠. 이것은 과연 정의로운 일일까요? 기업들의 이윤 추구 대가로 이들이 진출하는 국가는 어떤 대가를 치르고 있는 걸까요?

여러분들이 입고 있는 다국적기업들의 의류를 보면 생산지가 대부분 중국이나 동남아의 개발도상국일 겁니다.

신발도 마찬가지입니다. 유니클로, 자라와 같은 선진국 다국적 의류기업들은 싼 인건비를 찾아 개발도상국에 공장을 세웁니다. 방글라데시가 대표적입니다. 이 나라는 남부 아시아에 자리 잡고 있으며 세계에서 인구밀도가 가장 높은 국가지요. 동시에 가난한 국가입니다. 정부는 어떻게 하든 경제 성장을 이루고자 외국 자본을 유치하려 애씁니다. 축적된 자본이나 기술이 없으니 외국 자본을 유치해 일자리를 만들고 성장을 이루고자 하는 거지요. 그래서 외국 기업이 공장을 세우면 세금을 면제해 주는 혜택을 제공하고 있습니다. 이는 자연스레 외국 기업의 진입으로 이어지고 있습니다.

이들의 노동환경은 어떨까요? 임금이 오를 경우엔 타국으로 공장을 옮기겠다는 다국적기업의 위협 앞에 힘없는 정부는 속수무책입니다. 임금 삭감과 체불은 비일비재합니다. 일단 판매가를 정한 후 원가가 그 이상이 되면 노동자들의 임금을 삭감하는 것입니다. 이런 다국적기업의 횡포는 마침내 최악의 참사를 부르게 됩니다. 2013년 4월, 방글라데시 수도 인근 사바르란 지역에서 9층 빌딩이 붕괴합니다. 불법으로 건물을 증축한 것이 사고의 원인이었습니다. 이 건물엔 H&M과 같은 다국적 패션 기업들의

2013년 방글라데시 사바르 건물 붕괴 사고(출처: 위키백과)

하청공장이 있었습니다. 이 사고로 봉제공장 노동자 1,130여 명이 사망하고 2,500명이 다쳤습니다.

이 사고 이후 임금은 월 5만여 원에서 7만 원으로 인상됐습니다. 상상이 안 가는 돈이지요. 그런데 이 임금 인상으로 인해 월마트 공장은 다른 국가로 이전했습니다. 방글라데시 노동자들은 지속해서 임금 인상을 요구하고 있습니다. 하지만 정부의 강력한 탄압으로 여의찮은 상황이 계속되고 있지요. 2018년 12월, 정부는 월 최저임금을 약 11만 원 정도로 올렸습니다. 만족할 수 없겠지요. 노동자들은 21만 원을 요구하며 시위했지만, 일부 기업은 시위를 벌인 노동자 수천 명을 해고했습니다.

방글라데시 의류산업은 전체 수출의 83%를 차지합니다. 핵심 산업이지요. 이는 바로 자국민들의 저임금 노동을 기반으로 이룬 성과입니다. 여러분들은 이런 상황에 대해 어떻게 생각하나요. 월 11만 원이면 웬만한 한국 노동자 하루 임금입니다. 방글라데시 노동자들은 한 달을 일해 이 금액을 받습니다. 그러는 사이 방글라데시에 진출한 다국적기업들은 천문학적인 이익을 거두고 있습니다. 오늘도 우리는 이들 가난한 국가 노동자가 생산한 옷을 입고 신발을 신습니다. 그들의 저임금을 통해 생산된 것들입니다. 이익은 누가 볼까요? 바로 다국적기업입니다. 이들은 가난에 허덕이는 노동자들에게는 관심이 없습니다. 허약하고 가난한 국가들은 이들을 제지할 힘이 없습니다. 이런 상황에서 부국과 빈국의 격차는 좁혀질 수 없습니다. 부국의 다국적기업들은 저임금이란 매력이 사라지면 미련 없이 떠나면 되기 때문입니다.

다국적기업은 끊임없이 싼 인건비를 찾아 공장을 옮깁니다. 실제로 의류 생산 산업이 수출의 80%를 차지하는 방글라데시와 인도의 경쟁력은 중남미 국가들의 경쟁력 상승에 따라 다국적기업에 점차 그 매력이 사라지는 중입니다. 다국적기업들이 떠나면 이들 국가는 어찌 될까요?

성장 동력이 사라지면서 큰 타격을 받을 게 분명합니다.

국민의 삶을 위해 임금을 올리면 일자리가 줄어들고 일자리를 위해 임금을 낮게 유지하면 더욱 가난해지는 악순환의 고리는 여전합니다. 지배와 종속 관계가 과거엔 총, 칼 등 물리적 힘을 바탕으로 이뤄졌다면 현재는 자본에 의해 형성되고 있을 뿐입니다. 다국적기업의 자본을 통해 부국이 빈국을 지배하는 약탈적 자본주의는 세계화란 명분을 등에 업고 그 힘을 키워가고 있습니다. 이게 오늘의 현실입니다.

초콜릿이 달콤하지 않은 이유

《찰리와 초콜릿 공장이 말해주지 않는 것들》이란 책을 읽어 보신 분들이 있을 겁니다. 이 책을 읽다 보면 다국적기업의 노동착취가 어느 지경에 이르렀는지 실감합니다. 초콜릿을 좋아하지 않는 사람은 거의 없을 겁니다. 달콤함은 거부할 수 없는 매력이지요. 초콜릿의 주재료는 카카오입니다. 카카오는 어디에서 생산되는 걸까요?

코트디부아르란 국가를 아시나요? 아프리카 서부 기니만 연안에 있는 나라입니다. 2020년 기준으로 인구는

2,600만 명 정도이며 1인당 GDP는 5,360달러입니다. 한데, 이 나라가 코코아를 제일 많이 생산해 수출합니다. 세계 전체 생산량의 40.68%를 차지합니다. 뒤이어 가나가 약 20%, 인도네시아가 7% 정도, 에콰도르가 5.5%, 카메룬이 5.5% 정도를 생산합니다.

코트디부아르의 코코아 농민(출처: 위키미디어)

초콜릿은 전 세계인이 즐겨 먹습니다. 싸지도 않습니다. 그런데 주재료를 생산하는 국가들은 부국이 아닙니다. 가난한 나라가 대부분입니다. 반면, 초콜릿을 만들어 파는 회사들은 하나같이 거대 다국적기업들입니다. 마즈,

네슬레, 페레로 등이 대표적입니다. 이상한 일이 아닐 수 없습니다.

책에 따르면, 이익 분배에 문제가 있어서입니다. 카카오 판매회사, 초콜릿 제조회사가 이익 대부분을 챙깁니다. 카카오 농민이 가져가는 비율이 가장 낮지요. 카카오 판매회사는 이익의 44.2%를, 네슬레와 페레로 같은 초콜릿 제조회사는 35.2%를 챙깁니다. 카카오를 재배하는 농민이 가져가는 몫은 6.6%에 불과합니다. 나머지는 가공업자의 몫, 운송비, 세금 등이지요.

카카오 재배 농민의 몫이 적다 보니 이들은 늘 가난에 허덕이게 됩니다. 게다가 카카오는 사람 손이 많이 가는 작물로 유명합니다. 많은 일손이 필요합니다. 가난한 농민들이 성인 노동자를 쓴다는 것은 불가능합니다. 인건비가 거의 공짜에 가까운 아동들이 카카오 농장에 유입되는 이유입니다. 이들 아동은 인신매매를 통해 카카오 재배에 투입된다고 합니다. 세계은행은 2015년 기준 하루 생활비 1.90달러 이하를 빈곤선으로 규정했습니다. 하루 2,000원 남짓에 불과한 돈입니다. 코트디부아르 가정에는 보통 4명의 아이가 있다고 합니다. 부모를 포함한 6명의 가족이 하루를 살아가려면 적어도 12,000원이 필요합니다. 한데, 코트디부아르 카카오 재배 농민의 60%는 이 돈을 벌지 못한다고 합니다. 절대 빈곤에 허덕이고 있다는 얘기입니다. 이들의 선택은 뻔합니다. 불법인 줄 알지만, 아이들을 카카오 재배에 투입하는 거지요.

생각해보십시오. 한창 어리광 부릴 아이들이 땡볕에서 땀을 뻘뻘 흘리며 카카오 농장에서 일하는 광경을…. 참혹하지요. 이런 일이 21세기에도 버젓이 벌어지고 있습니다.

다국적기업은 노동착취를 통해 천문학적인 부를 쌓습니다. 큰돈을 벌고 있지만 기업이 마땅히 져야 할 사회적 책임에는 무관심합니다. 타국의 싼 인건비와 원재료에 의지한 이익 창출은 결국 타국의 자원을 강탈하는 것일 수도 있습니다. 이런 일이 과연 카카오 생산에만 국한될까요? 각종 농산물, 광물 등이 헐값으로 다국적기업에 넘어가고 있습니다. 이들은 싼값에 이들을 사서 제품을 만들고 비싼 값에 팝니다.

초콜릿이 마냥 달콤하지 않고 씁쓸한 이유는 다국적기업과 이들을 감싸는 선진국들의 이기심 때문일지도 모릅니다.

다국적기업과 환경

인류 역사상 최악의 산업재해를 아시나요? 1984년 인도의 마디아프라데시주 주도 보팔의 한 공장에서 유독가스가 누출됩니다. 다국적 화학기업인 미국의 유니언카바이드의 살충제 공장이었는데 무려 40톤에 달하는 유독가스가 새어 나와 며칠간 3,700여 명이 사망하고 50여만 명이 다쳤습니다. 중독 후유증은 심각했습니다. 이후 몇 년에 걸쳐 수천 명이 더 목숨을 잃었습니다. 전쟁보다 더한 사상자가 발생한 것입니다.

당시 사망자들은 얼마의 배상금을 받았을까요? 10만 루피, 우리나라 돈으로 약 162만 원을 받았습니다. 이 돈을 지급함으로써 회사 측은 모든 민형사상 책임을 면제받게 됩니다. 이 사고로 인한 피해는 현재까지도 이어지고 있습니다. 피해 주민의 자녀 중에는 지적장애 등 각종 질병을 호소하는 경우가 많지만, 누구도 이에 대한 책임을 지지 않고 있습니다.

유니언카바이드는 화해 조정이란 명목으로 인도 정부에 4억 7,000만 달러를 지급하는 데 합의했으나 사망자에게는 10만 루피의 배상금을 지급하는 데 그쳤습니다.

믿어지시나요? 만약 이런 대형 사고가 선진국에서 발생했다면 그 기업은 각종 배상금과 벌금 등으로 아마 파산했을 겁니다. 경영자는 교도소에 갔겠지요. 하지만 그 회사는 2001년 다우케미컬과 합병해 그 계열사로 생산 활동을 계속하고 있습니다.

일반적으로 국가가 성장할수록 환경에 관한 관심은 높아집니다. 우리나라도 산업 발전이 한창이던 1980년대까지만 해도 폐수나 미세먼지 등 오염물질 배출에 비교적 관대했습니다. 하지만 선진국이 되면서 환경에 대한 규제가 점차 강화됐습니다. 현재는 어떤가요? 미세먼지가 심한 날에는 석탄발전소나 일부 사업장 공사장에서 미세먼지 비상저감조치가 시행됩니다. 조업시간도 단축되고 가동률도 조정됩니다. 또한 배출가스 5등급 차량의 운행도 제한되죠. 뿐만 아닙니다. 오염 · 유독물질 발생이 많은 화학공장 등의 설립 · 건축 자체가 거의 불가능합니다. 국가가 법으로 규제하지 않더라도 주민들의 반대로 공장이 들어설 수 없는 거지요.

선진국일수록 환경 규제 수준이 높은 게 일반적입니다. 오염물질 생산 · 배출 등에 강한 규제를 가하게 됩니다. 반면, 저개발국일수록 환경에 대해 덜 민감해합니다. 거칠게 표현하면 환경보다는 먹고사는 게 더 급한 거죠. 일자리나 먹거리가 제공된다면 환경오염을 불가피하게 보는 겁니다. 이런 이유로 많은 기업이 환경에 대한 규제가 덜한 저개발국으로 공장을 옮깁니다. 자국 내에서는 환경 규제로 더 이상 생산 활동을 할 수 없어서입니다.

환경 규제를 가장 강하게 받는 산업은 아무래도 화학 분야일 겁니다. 그래서 이들 화학회사는 보통 자국의 환경 규제를 피해 저개발국에서 공장을 운영합니다. 우리나라는 미세먼지로 고통을 받고 있지요. 상황이 점차 심각해지는 것은 국내 요인도 있지만, 중국의 산업 발전이 가속되고 있기 때문이기도 합니다. 중국의 산업화가 진척되면서 석탄 사용량도 많아졌고 오염물질을 배출하는 공장도 급증했습니다. 오염물질 배출이 늘었고 이것이 바람을 타고 한반도로 넘어와 대기환경을 더욱 악화시킵니다. 중국의 산업화를 이끈 건 외국 자본이었습니다. 수많은 다국적기업이 자국의 환경 규제를 피해 중국으로 생산기지를 옮겼습니다. 결국 다국적기업이 중국은 물론 주변 국가의 환경오염을 가중시키는 요인이라 할 수도 있습니다.

'더러운 빨래Dirty Laundry'란 말을 들어봤나요? 다국적기업의 섬유제품이 중국 내 생산과정에서 엄청난 독극물을

지구기후행진에 참여하고 있는 그린피스 활동가들(출처: 위키미디어)

강으로 방류하는 데서 생겨난 말입니다. 이 때문에 중국 하천의 수질이 오염되고 있다는 거죠. 2011년 국제환경 단체인 그린피스는 나이키, 아디다스, 퓨마, 라코스테, H&M 등 의류 다국적기업들이 중국에서 심각한 수준의 오염물질을 배출하고 있다고 주장했습니다. 내분비계 교란 물질인 노니페놀과 간 기능 · 정자 수에 영향을 주는 플루오르 화합물이 이들 의류공장 배수관에서 채취한 시료에서 검출됐다는 거죠. 이 보고서가 맞다면 이들 다국적기업은 유럽 등 자국에서는 강력한 규제에 묶여 생산 못 하던 제품을 상대적으로 규제가 느슨한 중국에서 생산하고 있다는 얘기가 됩니다. 중국은 세계 최대 의류 수출국입니다. 의류 생산은 필연적으로 환경오염 물질을 배출하지요. 규제가 있는 국가에서는 이들 오염물질 처리에 천문학적 비용이 듭니다. 다국적기업은 그 비용을 아끼려 규제가 느슨한 지역으로 공장을 옮기는 거죠. 다국적기업은 환경오염 물질을 자신들이 진출한 국가로 수출하는 겁니다. 그 대가로 이익을 챙기는 거고요.

환경파괴의 대표적 사례: 사라지는 숲

'산림과 토지 이용에 관한 글래스고 정상선언'을 들어보셨나요? 아마 대부분은 모르실 겁니다. 2021년 11월, 제26차 유엔기후변화협약 당사국총회가 영국에서 열렸습니다. 이때 인도네시아, 브라질, 콩고민주공화국 등 127개국은 2030년까지 산림 파괴를 중단하겠다고 선언합니다. 일종의 약속을 한 겁니다. 숲을 파괴하지 않겠다는 선언입니다.

한데, 이런 선언을 한 지 불과 며칠도 지나지 않아 인도네시아 환경부 장관은 "인도네시아가 2030년까지 산림 파괴를 제로화하도록 강요받는 것은 부적절하고 불공평하다"라며 "우리가 할 수 없는 것을 약속할 수 없다"라고

2021년 당사국총회에서 영국 존슨 총리와 미국 바이든 대통령
(출처: 위키미디어)

자신의 페이스북에 밝힙니다. 인도네시아 대통령이 서명한 국제사회의 약속에 대해 장관이 공개적으로 불만을 표한 것은 매우 이례적인 일입니다.

인도네시아는 숲의 나라라 해도 과언이 아닙니다. 전 세계 열대우림의 3분의 1이 인도네시아에 분포합니다. 한데, 이 거대한 숲이 파괴되고 있습니다. 세계자원연구소가 개설한 세계산림감시Global Forest Watch에 따르면 인도네시아 원시림은 지난 20년간 10%가량 줄었습니다. 왜 일까요? 인도네시아는 세계에서 팜유를 가장 많이 수출하는 나라입니다. 이 농장을 만들기 위해 2019년에만 벨기에 면적의 절반에 달하는 숲을 불태웠습니다.

팜유는 대표적인 식물성 기름입니다. 볶음이나 튀김에 사용하기도 하지만 땅콩버터 및 기타 견과류 버터에 안정제로 첨가됩니다. 또, 시리얼, 빵, 단백질 바, 초콜릿, 마가린의 원료입니다. 주목할 건, 이들을 생산하는 기업이 다국적기업이라는 것입니다.

인도네시아가 산림 벌채나 파괴를 막는 것에 소극적 태도를 보이는 이유는 또 있습니다. 광물 채굴이 불가능해지기 때문입니다. 인도네시아는 산림을 벌채해 각종 광물을 채굴해 수출합니다. 그중 니켈은 전기차 배터리의 핵심 소재입니다. 인도네시아는 전 세계 니켈 생산의 25%, 수출의 20%가량을 차지하는 국가입니다. 산림을 벌채하지 않고는 광산 개발이 불가능합니다. 인도네시아가 산림 파괴를 하지 않겠다는 약속을 쉽게 할 수 없는 이유입니다. 인도네시아는 니켈 생산이란 무기를 통해 전기차 시장에 진출하려는 야심이 있습니다. 성장을 도모해야 하는 국가 입장에서는 자연스러운 선택일 수 있습니다. 다만, 그 뒤엔 거대 다국적기업이 있습니다. 니켈을 사 가는 것은 거대 다국적 배터리 제조 기업입니다. 인도네시아 전기차 시장 진출의 배후에도 역시 다국적기업이 있습니다. 혹시 폭스콘Foxconn이란 회사를 들어봤나요? 애플 아이폰을 생산하는 대만 기업입니다. 애플은 자체 공장을 보유하지 않고 폭스콘을 통해 아이폰을 생산합니다. 폭스콘은 2022년 초 인도네시아 전기차 관련 사업에 약 80억 달러를 투자할 것이라 밝혔습니다. 이 계획은 진행 중입니다. 2023년 9월 현재 인도네시아 현지 회사에 약 200만 달러를 투자해 합작회사를 설립했습니다. 배터리셀 및 다양한 부품을 만들 공장을 세우고 있죠. 우리나라 기업들도 예외는 아닙니다. 현대자동차와 LG에너지솔루션도 인도네시아에 공장을 세우고 있습니다.

산림 파괴의 역사는 생각보다 깁니다. 아시아와 태평양 지역 개발도상국에서 발생한 산림 파괴는 일본의 다국적 기업이 시작했습니다. 1945년 이후부터 일본의 기업은 필리핀의 숲에서 벌채한 나무를 자국으로 가져갔습니다. 당시 필리핀의 열대 밀림 크기는 1,700만 헥타르 정도였지만 1989년에는 겨우 100만 헥타르 정도만 남았지요. 산림 황폐화에 따른 후유증은 필리핀 국민의 몫이 되었습니다. 이를 주도한 회사는 일본의 미쓰비시, 미쯔이 등입니다. 미쓰비시는 초거대 다국적기업입니다. 이 회사는 필리핀, 인도네시아, 말레이시아 등에도 벌채회사를 운영하고 있습니다. 세계에서 가장 큰 목재 수입사이기도 하지요.

라틴아메리카와 아프리카의 숲도 사정은 비슷합니다. 아프리카는 지난 100년 동안 나무의 절반 이상이 베어졌습니다. 그 뒤엔 프랑스 등 유럽의 벌채기업들이 있지요. 지구의 허파라 불려온 브라질 아마존 열대우림의 상황은 처참합니다. 지구 열대우림의 절반을 차지하며 지구 산소의 20% 이상을 만들어낸다고 알려진 브라질 열대우림은 이제 더 이상 지구의 허파가 아닙니다. 2021년 5월, 국제학술지 《네이처》에 따르면 2010년부터 2019년까지 이산화탄소 배출량은 166톤으로 같은 기간 흡수한 양인 139톤을 훨씬 웃돌았다고 합니다. 배출량이 흡수량을 웃돈다는 건 숲의 정화 기능이 사라졌다는 겁니다. 아마존은 더 이상 지구의 허파가 아닌 겁니다.

아마존 열대우림이 파괴되는 것은 벌목과 광산 등 각종 개발 때문입니다. 이는 최근 들어 더욱 심해지고 있습니다. 브라질 국립우주연구소의 '인공위성 삼림 벌채 모니터링 프로젝트'에 따르면 2020년 7월부터 2021년 7월 사이 브라질 아마존 열대우림의 파괴 면적은 1만 3,235제곱킬로미터로 1년 전 같은 기간보다 22% 늘었습니다. 이는 2019년 정권을 잡은 보우소나루 대통령이 아마존

'보존'이 아닌 '개발' 공약을 내세우며 취임한 뒤 환경 규제를 풀었기 때문입니다. 그가 집권하기 전인 2009년부터 2018년 사이 아마존 파괴 면적은 연평균 6,500제곱킬로미터였지만 집권 후 1만 1,405제곱킬로미터로 늘었습니다. 국립우주연구소 자료에 따르면 2021년 10월에만 브라질 아마존 열대우림 877제곱킬로미터가 파괴됐는데 이는 서울 면적의 약 1.5배 크기입니다. 2021년 한 해 동안 사라진 숲은 서울 면적의 17배를 넘습니다.

2018년 위성에서 촬영된 아마존 열대우림(출처: 위키미디어)

삼림지대의 개발은 개발도상국 입장에서는 양보할 수 없는 선택일 수 있습니다. 목재와 광물로 얻는 이익이 크기 때문이며 토지의 효율적인 이용을 위해서도 필요할 수 있습니다. 숲을 그대로 두는 것보다는 토지로 개발해 공장이나 집을 짓고 도로 등 기반 시설을 건설하는 게 훨씬 이득이 크기 때문입니다. 문제는 배후에 있는 다국적기업의 몫일 겁니다. 이들이 이익 대부분을 갖는 게 문제겠지요. 실제로, 삼림 파괴가 대량으로 이뤄진 동남아, 라틴아메리카, 아프리카의 국가들은 개발도상국을 벗어나지 못하고 있고 이들 국가 국민 대부분은 가난합니다. 특히, 숲에 살던 원주민의 상황은 말할 필요도 없지요. 숲의 황폐화를 통해 이득을 보는 건 부자 나라의 기업과 해당 정부의 부패한 관리 정도입니다. 손해를 보는 쪽은 해당 국가 국민과 토착민 그리고 숲이 사라짐으로써 점차 심각해지는 지구 기후변화에 노출된 전 세계 시민입니다.

핵심은 삼림을 개발해야 하는 개도국의 입장을 충분히 고려한 전 지구적 합의가 필요하다는 겁니다. 특히, 선진국과 거대 다국적기업의 양보가 필요합니다. 숲을 개발하더라도 그 양을 최소화할 수 있도록 숲 보유국에 충분한 보상을 해야 합니다. 현재와 같이 선진국 및 거대 다국적기업들이 숲 파괴의 개발 이익 대부분을 가져가는 상황이라면 지구의 숲은 남아나지 못할 것입니다.

다국적기업과 국가

국가 최고통치자가 일개 기업 경영자에게 부탁하다니!

2019년 12월 중국에서 발생한 코로나바이러스는 세계를 일순간 혼란으로 몰아넣었습니다. 그 후 한동안 세계는 팬데믹의 공포에서 벗어나지 못했습니다. 2024년 현재도 바이러스는 여전히 많은 사람의 목숨을 위협하고 있습니다.

이런 고통 속에서도 유난히 승승장구하는 기업들이 있지요. 바로 백신을 만드는 거대 다국적기업들입니다. 코로나바이러스로 온 세계가 몸살을 앓던 2021년, 대표적 코로나바이러스 백신 회사인 화이자의 백신 매출액은 368억 달러에 달했습니다. 거의 44조 원에 이릅니다. 주가는 1년 동안 50% 이상 올랐습니다(2022년 2월 기준). 2021년 화이자의 전체 매출액은 813억 달러로 에티오피아, 케냐, 가나, 과테말라 등 국가의 국내총생산을 추월해

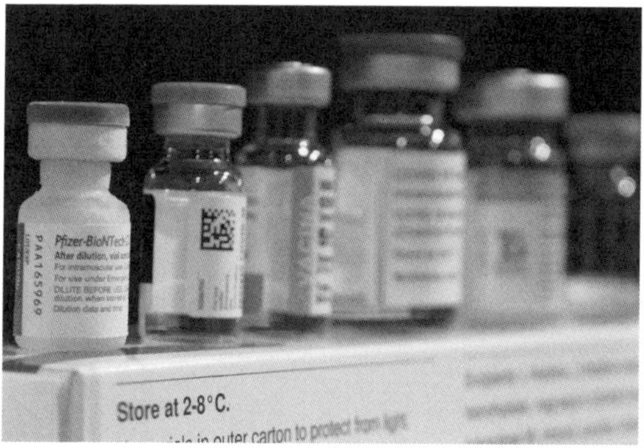

2021년 코로나바이러스 백신(출처: 위키미디어)

세계 66번째 국가 수준이 됐습니다. 화이자 전체 매출의 약 50%가 코로나바이러스 백신 매출이었습니다. 코로나가 없었다면 불가능했을 매출을 단숨에 달성한 거지요.

2021년 초 각국은 백신 확보 경쟁을 벌입니다. 일본 등 선진국들도 예외는 아니었습니다. 이 과정에서 웃지 못할 일도 벌어졌습니다. 일본 장관이 나서자, 화이자는 "장관은 상대 안 해!"라며 배짱을 부렸죠. 이에 일본 총리가 직접 화이자 최고경영자에게 전화해 백신 공급을 늘려 달라고 읍소했습니다. 한국도 별반 다르지 않았습니다. 당시 문재인 대통령은 2020년 12월 백신 생산회사인 모더나 최고경영자를 화상으로 만났고 2021년 5월 미국을 방문

했을 때 대면 접견을 했습니다. 2021년 9월에는 미국에서 화이자 회장을 만났습니다.

국민의 생명이 달린 일이니, 각국의 정상들이 나서는 것은 당연한 것처럼 보일 수도 있습니다. 하지만, 한 국가 정상이, 그것도 선진국의 총리나 대통령이 일개 기업의 최고경영자에게 부탁해야 하는 상황은 이례적입니다. 문제는 이런 일이 점점 잦아지고 있다는 겁니다. 조 바이든 미국 대통령은 2021년 4월 취임한 지 불과 몇 개월도 지나지 않아 백악관에 세계 다국적 반도체 기업들을 불러 '반도체 회의'를 합니다. 삼성전자, TSMC, GM 등의 기업 임원이 참석했지요. 이 회의는 한 번으로 끝나지 않았습니다. 2021년 9월까지 세 차례 열렸지요. 목적은 반도체 공급난을 해결하기 위해서였습니다. 쉽게 설명하면, 미국에 더 많은 투자를 하고 더 많은 공급을 하라는 것이었지요. 이런 압박을 세계 최강의 미국 대통령이 직접 나서서 기업에 가한 것입니다.

왜 이런 일이 생기는 걸까요? 초거대 다국적 · 초국적 기업들의 독점이 심화하고 있기 때문입니다. 당시 코로나 바이러스 백신은 화이자, 모더나 등 극소수의 회사가 전 세계 시장을 장악하고 있었습니다. 반도체는 어떤가요.

삼성전자, 인텔 등 몇 개 회사가 독점적 위치를 누리고 있지요. 핸드폰 시장은 애플과 삼성전자가, 컴퓨터 운영체제 시장은 마이크로소프트가 장악하고 있습니다. 구글과 유튜브를 운영 중인 알파벳은 검색엔진과 동영상 서비스 분야의 독과점 업체입니다.

첨단 분야만이 아닙니다. 더 심각한 것은 먹거리 분야에서의 독과점입니다. 세계 곡물 시장은 미국계 회사인 카길 등 5대 회사가 전 세계 유통시장의 75% 이상을 장악하고 있습니다. 이들은 막대한 자금력으로 세계 농산물 생산지와 미국 시카고 선물거래소에서 곡물을 사들여 각국 정부와 기업에 판매합니다. 이들은 씨앗부터 농약, 살충제, 가공식품, 생명공학에 이르기까지 식량과 관련된 분야 전체를 장악하고 있습니다. 또한 선박 회사나 저장 시설까지 두는 등 자체적으로 운송망까지 갖추고 있는 공룡이지요. 한국의 수입 곡물 시장도 다르지 않습니다. 카길이 60% 정도를 장악하고 있습니다.

다음은 제가 2011년 11월 《한겨레신문》에 기고한 칼럼 중 일부입니다. 1% 기업이 세계를 지배하고 있다는 내용인데, 현재는 그런 양상이 더 심해졌을 거라 봅니다.

“1%가 세상을 장악하고 있는 건 사실이다. 오히려 1% 이하가 세상의 부를 독식하고 있다. 양극화, 부의 편재에 관한 얘기는 많이 알려져 있으니 생략하자. 1%도 안 되는 금융기업이 세계의 기업을 장악하고 있다. 이에 더해 세상을 움직이는 물질도 1% 이하의 상품 중개회사가 장악하고 있다. 세계는 이미 자본과 물질을 장악한 극소수 기업의 지배 아래에 있다. 이제 국가가 지배하는 게 아니다.

자본이 어떤 식으로 세계를 장악하고 있는가를 실증적으로 연구한 기사가 《뉴사이언티스트》(2835호)에 실렸다. 연구는 총 3,700만 개의 기업에서 4만 3,000개의 다국적기업을 추려 그 소유관계를 조사하는 방식으로 이루어졌다. 결과는 예상한 대로였다. 이른바 초대형기업(슈퍼엔티티·super-entity)인 대형 금융기관들이 세계 경제를 장악하고 있음이 밝혀졌다.

구체적으로 4만 3,000개 다국적기업의 소유관계를 조사해 보니 1,318개의 핵심 기업이 발견된다. 이들 기업은 최소 2개, 평균 20개씩 상호출자 형식으로 서로 긴밀하게 연결되어 있다. 수익은 전 세계 기업 수익의 20%를 차지한다. 그러나 실제론 60%에 달한다. 세계 유수의 우량 기업과 제조업체 주식 대부분도 이들이 소유하고 있기 때문이다. 이 중에

서도 147개의 초대형기업이 핵심 기업 총 부의 40%를 장악하고 있다. 결국 1%도 안 되는 극소수가 세계 경제를 좌지우지하고 있다. 이들 대부분은 골드만삭스, 바클레이스와 같은 거대 금융기관이다.

이뿐이 아니다. 이른바 상품이라 불리는 식량, 연료, 금속 등도 소수가 독점하고 있음이 밝혀졌다. 《로이터》는 최근 상품시장을 쥐락펴락하는 16개 상품 중개회사에 관해 보도했다. 이 기사에 따르면 이들 16개 회사가 상품시장의 절반을 장악하고 있다. 연수익을 합하면 1조 1,000억 달러에 달하고 상위 5개 사의 수익은 상위 5개 금융기관의 수익에 버금간다. 비톨, 트라피구라는 지난해 하루 810만 배럴의 석유를 팔았다. 이는 사우디아라비아와 베네수엘라 석유 수출량을 합한 양이다. 금속 시장의 큰손 글렌코어는 세계 아연 거래량의 55%, 구리 거래량의 36%를 장악하고 있다.

세계는 이미 극소수의 기업이 점령하고 있다. 자본과 물질 모두를 이들이 관리한다. 소수의 거대 금융기관은 자본을 이용해 세계 유수의 기업을, 극소수의 상품 중개회사는 세계를 움직이는 필수 재화를 장악한다."

독과점의 폐해는 큽니다. 생각해보십시오. "나 혼자만

물건을 공급할 수 있어. 그렇다면 가격을 내 맘대로 정해도 되겠네!" 그렇습니다. 재화나 서비스 공급자가 한정적인 데 비해 수요가 많다면, 더욱이 그것이 우리 생활에 꼭 필요한 필수재라면 공급자는 얼마든지 물건이나 서비스 가격을 조정할 수 있습니다. 공급량을 임의로 조절해 시장을 통제하거나 조작할 수 있습니다. 실제로 이런 일은 비일비재합니다. 2007년과 2008년경 세계의 식량, 에너지, 금속 등의 가격이 폭등했던 적이 있습니다. 수요가 느닷없이 폭발했던 걸까요? 아니면 공급이 수요를 따라가지 못할 정도로 급감했을까요? 아닙니다. 그 뒤엔 이들 재화를 독과점한 자본과 거대 초국적기업이 있었습니다. 1% 이하의 극소수가 정하는 가격에 70억 세계 인민이 끌려가는 세상, 이것이 우리가 살고 있는 세계의 현실입니다.

국민국가의 위기

이런 초거대 다국적기업은 이미 국가의 위상을 흔들 정도로 강력한 힘을 갖고 있습니다.

국민국가란 민족을 단위로 형성된 국가를 말합니다. 지금은 그런 경향이 좀 덜하지만, 한국은 역사적으로 단일

민족을 강조했지요. 이런 의미에서 한국과 일본은 전형적인 국민국가라 할 수 있습니다. 하지만, 오늘날 국민국가란 개념은 점점 사라지고 있습니다. 이미 유럽은 통합을 강조하며 민족을 넘어 하나를 지향하고 있고, 미국도 이민 국가입니다. 우리도 다민족 사회로 가고 있지요.

그럼에도 국가란 개념은 여전히 살아 있습니다. 유럽이 통합을 지향한다고 하지만 각국은 여전히 국경을 유지하고 있고 자치적으로 운영되고 있습니다. 주권을 행사하며 고유의 통치조직이 있지요. 국민, 영토, 주권이란 국가의 3요소를 유지하고 있는 겁니다. 이는 전 세계 모든 나라가 같습니다.

국가는 여전히 전 세계인에게 매우 소중한 가치입니다. 러시아-우크라이나 전쟁이 아직도 끝나지 않고 있습니다. 전쟁 발발 초기, 우크라이나인들이 사격 연습하는 광경을 TV에서 본 적 있습니다. 젊은 사람만이 아닙니다. 70을 훌쩍 넘긴 할머니도, 하다못해 아동들까지 참여하더군요. 옳고 그름을 떠나 이들 모두는 자신들의 국가를 지키겠다는 의지로 총을 잡은 겁니다. 국가란 여전히 자신들의 목숨보다 소중한 것으로 대부분 사람에겐 인식되고 있는 겁니다.

하지만, 일부에서는 국가라는 개념이 흔들리고 있다고 주장합니다. 심지어는 국민국가 소멸론까지 나오고 있습니다. 그 배후엔 자본을 등에 업은 초국적기업이 있습니다. 초국적기업의 활동이 국가의 경제 활동을 무력화한다는 거죠. 일리는 있습니다. 무력화는 몰라도 국가의 주권과 경제 활동이 제한을 받는 것은 확실합니다. 앞에서 살펴본 것처럼 국가가 이들에게 머리를 숙이는 일도 종종 벌어지는 게 현실입니다.

초국적기업은 이미 웬만한 국가 이상의 자본을 갖고 있습니다. 전 세계에 걸친 네트워크도 갖고 있죠. 이들의 힘은 막강합니다. 특정 국가의 세금 체계를 무력화시키는 일은 너무 흔하며, 법체계를 흔들기도 합니다. 초강대국도 이들의 위력에서 벗어날 수 없습니다.

미국 의회는 2022년 7월 말 마침내 반도체 지원법을 통과시켰습니다. 정확한 명칭은 '반도체 칩과 과학법'입니다. 이 법의 골자는 반도체 업체들이 미국에 공장을 건설하거나 관련 설비를 구입할 때 보조금과 세금 공제 혜택을 부여하는 것입니다. 이에 텍사스주에 약 20조 원 규모로 신규 반도체 위탁생산(파운드리) 공장을 건설 중인 삼성전자는 60억 달러(약 8조 원)의 보조금을 받게 됩니다. 일본 정부도 다르지 않습니다. 글로벌 파운드리 1위 업체 대만 TSMC는 2024년 2월 일본 구마모토현에 공장을 건설해 가동에 들어갔습니다. 일본 정부는 이 공장 건설비용의 40%인 4,760억 엔을 지원했습니다. 2024년 말 착공에 들어가는 제2공장에도 7,300억 엔을 보조할 예정입니다. 한국 역시 반도체 기업 투자 시 각종 혜택을 제공하고 있지요. 법체계를 흔드는 건 앞에서 설명했던 '론스타' 사건이 대표적입니다.

이런 현상을 '국가가 미래 성장을 위해 경쟁력 있는 초국적기업을 유치하려 노력하는 건 당연하다'라 해석할 수 있습니다. 맞습니다. 어떤 국가든 미래 성장 동력을 확보하고 일자리 창출을 위해 애쓰는 것을 비난할 수는 없습니다. 다만, 국가 권력이 과거처럼 절대적이지 않다는 것은 분명합니다.

생각해보십시오. 우리나라만 해도 외국 다국적기업에 대해 완벽한 통제를 하지 못합니다. 가령 2020년 네이버는 법인세를 4,304억 원 냈습니다. 한데, 구글, 넷플릭스, 마이크로소프트 등 글로벌 초국적기업 19곳이 낸 법인세는 모두 합해 1,539억 원에 불과합니다. 네이버 한 회사가 낸 법인세의 3분의 1 수준에 불과합니다. 이들 기업은 모회사 및 납세의무자가 해외에 있다는 점을 근거로 그동안 국세청 조사에 제대로 협조하지 않거나 조사를 거부하기도 했습니다. 하지만 이를 제지할 마땅한 방법이 없는 게 현실입니다.

시장이 모든 것을 해결한다

'보이지 않는 손'이란 말을 들어봤을 겁니다. 경제학의 아버지라 불리는 영국의 애덤 스미스가 제안한 경제 이론이지요. 자유로운 경쟁이 이루어지면 정부가 개입하지 않아도 물건의 가격과 품질은 적절하게 정해진다는 이론이자 논리입니다. 즉, 시장의 자율성을 최대한 존중해야 사회적으로 효용이 증대되고 안정을 이루며 성장을 가져온다는 것입니다. 따라서 경제적 자유를 보장하기 위해서는 시장에 모든 걸 맡겨야 한다는 겁니다.

이 논리에 따르면 국가가 국내 생산자를 보호하기 위해 시행하는 각종 정책은 경쟁을 줄여 기업의 효율적 운영을 방해하게 됩니다. 시장에 모든 걸 맡기는 게 아니라 국가가 개입하는 거니까요. 이에 따라 보호받는 기업은 고비용, 저품질의 상품을 만들게 됩니다. 국가가 나서서 특정 기업을 보호하니 경쟁은 줄어듭니다. 경쟁이 사라지니, 기업은 비용을 낮추려 하지도 않을 거고 품질을 높이려는 시도도 하지 않을 겁니다. 가격은 비싸고 품질은 떨어집니다. 이는 결국 국민의 피해로 연결됩니다. 국가가 기업을 보호하는 비용을 국민이 부담하는 꼴이지요. 이것이 시장론자들이 주장하는 국가 개입의 폐해입니다.

맞는 말일까요? 예를 들어보겠습니다. 국내 농가는 각종 자유무역협정으로 인한 피해를 국가가 보상해 줍니다. 쌀 직불금 제도가 대표적입니다. 쌀값이 하락해도 쌀 농가의 소득을 일정한 수준으로 보장하기 위해 정부에서 농가에 보조금을 지급하는 제도입니다. 쌀은 우리의 주식입니다. 쌀 가격은 중국이나 동남아에 비해 절대 싸지 않습니다. 그렇다고 경쟁력이 없는 게 아닙니다. 한국인 입맛에 맞게 특화되어 있어 적어도 한국 내에선 품질에서 경쟁력을 갖고 있습니다. 일부러 외국산 쌀을 찾는 이들도 있지만 극히 적지요. 사실, 쌀에 대해 보조금을 주는 것은 '식량주권', '식량안보' 때문입니다. 시장 논리에 따라 값싼 외국산 쌀이 밀려오면 한국 쌀 산업은 거의 붕괴할 겁니다.

한국에서 쌀이 생산되지 않는다면 어떤 일이 벌어질까

요? 수출업자는 비싼 값에 팔려 할 겁니다. 국내에 마땅한 경쟁자가 없기 때문이죠. 문제는 또 있습니다. 벼농사를 많이 짓는 국가에 흉년이 들면 쌀 가격은 폭등할 겁니다. 울며 겨자 먹기로 비싸게 사 먹을 수밖에 없게 됩니다. 그나마 비싼 값에라도 사 올 수 있으면 다행입니다. 국제 곡물 시장 전체가 흔들리는 상황이라면 그마저도 구할 수 없을 겁니다. 식량안보가 무너지는 겁니다. 시장론자들의 말처럼 국가가 시장에 전혀 개입하지 않으면 특별한 상황에 전혀 대처할 수 없는 일이 얼마든지 발생할 수 있습니다.

사실 모든 나라는 산업 발전 초기 단계에서는 국가가 적극적으로 자국 산업 보호를 위한 정책을 펼칩니다. 중국은 현재도 자국산 자동차 배터리 산업 육성을 위해 보조금 정책을 시행하고 있지요. 이는 정도의 차이는 있지만 선진국도 비슷합니다. 미국도 자국의 철강 산업 보호를 위해 외국산 수입 철강에 대해 할당(쿼터)제 등을 시행합니다. 국가별로 미국에 수출할 수 있는 물량을 배정하는 거죠. 그 물량을 초과하면 미국으로의 수출은 불가능합니다. 자국 산업을 보호하기 위한 보호무역은 모든 나라가 시행합니다. 정도의 차이가 있을 뿐입니다.

다국적기업 입장에서 이런 보호무역은 커다란 장애물입니다. 자신들은 경제 성장의 동력이고 기술 혁신을 전파하며 진출국 소비자의 후생을 증대시킨다고 주장합니다. 따라서 국가는 자신들의 진출을 환영해야 하고, 진출했을 때 자유롭게 기업 활동을 할 수 있는 환경을 만들어줘야 한다고 강조합니다. 이들의 주장은 단순합니다. 국가는 자신들 활동에 개입하지 말아야 한다는 겁니다. 그래야만 자신들이 많은 경제적 부를 창출해 자신들이 진출한 국가와 나눌 수 있게 된다는 겁니다.

시장의 역할이 늘어난다는 것은 그만큼 국가의 역할은 줄어든다는 것을 뜻합니다. 하지만 간과하고 있는 게 있습니다. '보이지 않는 손'의 가장 중요한 전제는 '경쟁'이라는 겁니다. 경쟁이 사라진 시장, 다시 말해 독과점 기업만 존재하는 시장의 경우 가격 결정 권한은 온전히 기업이 갖게 됩니다. 이들은 일단 시장을 장악하면 제품의 질은 낮추면서 가격을 올릴 수 있게 됩니다. 최소의 비용으로 최대의 이익을 챙기려 하겠지요. 국가가 나서서 이들을 제지하지 않으면 최종적인 피해는 온전히 소비자의 몫이 됩니다. 국가와 국민이 피해자가 된다는 뜻입니다.

이런 일은 너무 흔합니다. 한국산 자동차 가격은 매년

오릅니다. 이제 독일산 자동차와 비교해도 가격 차가 크지 않습니다. 품질이 좋아진 측면도 있을 겁니다. 하지만, 그보다 이런 고가격 정책을 유지할 수 있는 건 한국 자동차 시장이 극소수 기업의 독과점시장이기 때문입니다. 핸드폰도 마찬가지입니다. 삼성과 애플이 장악한 독과점시장에서 가격결정권은 이들 거대기업이 온전히 갖습니다. 컴퓨터 운영체제 역시 마이크로소프트가 장악하고 있지요. 우린 운영체제의 적정 가격이 얼마인지 알 수가 없습니다. 오직 그들이 정한 가격에 따라갈 수밖에 없는 거죠.

초국적기업 대부분은 경쟁자가 거의 없는 독과점 업체입니다. 이들 극소수 기업은 거의 모든 가격을 결정합니다. 이들이 정한 가격은 국가와 국민을 초월합니다. 가격 결정 권한을 갖는다는 건 무서운 일입니다. 자본주의 세상에서 가격은 소비자 후생은 물론 특정 국가의 운명을 쥐락펴락할 수 있습니다. 가격이 오르면 대다수의 삶의 질은 하락합니다. 가격 하나에 우리 삶의 질이 결정됩니다. 에너지 가격은 어떨까요? 오일 가격이 폭락하면 산유국의 살림살이가 어려워집니다. 반대로 급등하면, 에너지 소비국은 물론 전 세계 경제가 흔들립니다.

한데, 이런 막중한 영향을 끼치는 가격 결정 권력을 일부 극소수 기업이 장악하고 있습니다. 이 힘은 국가 권력을 뛰어넘습니다. 국경이란 장벽도 가볍게 넘습니다. 이들의 힘은 인류에게 필수적인 제품을 장악하고 있는 데서 나오는 것입니다. 자본, 곡물, 에너지, 광물, 반도체를 비롯한 첨단소재 등등. 그러기에 국가의 정상들도 이들에게 고개를 숙이는 겁니다.

일부에서 주장하듯 국가가 소멸하는 일은 없겠지만 그 힘은 앞으로도 얼마든지 약화할 수 있는 겁니다. 반대로, 초국적기업의 힘은 그만큼 강해지겠지요. 국가들이 연합해 대안을 내놓지 못한다면 말입니다.

4장

다국적기업(빅테크기업)의 불공정거래행위

외국 빅테크기업들이 버는 돈에 비해 세금을 적게 낸다며?

오늘의 세계 경제는 복잡합니다. 자본과 기업, 기업과 기업의 연결고리는 끝없이 상호 연결되어 있습니다. 다국적기업은 이런 경제 환경에서 자연스레 탄생한 것입니다. 어떤 국가, 어느 나라 국민도 이들로부터 한순간도 자유로울 수 없습니다. 우리는 모두 이들이 생산한 재화나 서비스를 끊임없이 소비합니다. 때론 불만을 품기도 하지만 만족감을 느끼는 경우가 더 많습니다. 이들을 배제하곤 그 어떤 국가도 정상적인 운영이 불가능합니다. 개인들 역시 생활이 거의 불가능할 겁니다.

다국적기업, 초국적기업들은 이를 너무 잘 이해하고 있습니다. 자신들의 힘이 점차 강해지고 있다는 것을 알고 있죠. 그것이 문제입니다. 힘이 강해질수록 절제하면 좋은데 그렇지 않습니다. 갖은 수단을 동원해 더 큰 힘을 가지려 합니다. 불법은 아니지만 법을 무력화시키면서 초법적 행동마저 서슴지 않는 겁니다. 이는 국가 권력을 약화시키고 동시에 소비자 후생을 떨어뜨립니다. 또는 진출국과 그 나라 경제에 치명상을 입히기도 하지요. 돌이킬 수 없는 환경 재앙을 만들어내기도 하고 수많은 노동자의 삶을 절망 속으로 밀어 넣기도 합니다.

이들이 만들어내는 대표적인 부작용은 무엇일까요? 환경 훼손, 세금 포탈, 사회문화적 충격, 노동착취, 환경 불확실성 등이 있습니다. 부작용은 영향력과 깊은 상관관계를 갖고 있습니다. 영향력이 클수록 부작용도 크겠지요.

대표적인 부작용들은 3장에서 살펴봤습니다. 이번 장에서는 이른바 빅테크 다국적기업들이 어떻게 국가 권력을 무력화시키면서 이익을 극대화하고 있는지 그리고 그것의 부작용은 무엇인지 알아보겠습니다.

애플이 한국에 낸 세금은 쥐꼬리

빅테크Big Tech기업은 대형 정보기술 기업을 뜻합니다. 구글, 애플, 마이크로소프트 등이 대표적이고 국내 기업으로는 네이버와 카카오 등이 있습니다. 여러분이 주목해야 할 건 이들 기업이 두 가지 특징을 갖고 있다는 점입니다. 우선, 이들 기업은 대표적인 독과점 기업입니다. 한두 개의 기업이 전 세계 혹은 국내 시장을 장악하고 있습니다. 두 번째 특징은 첨단 정보통신 기술을 바탕으로 한 기업이란 점입니다. 전통 기업과 달리 물리적 생산시설의 중요성이 상대적으로 낮습니다. 물리적인 상품 즉 핸드폰 등을 생산하는 애플조차 생산 부문 대부분을 아웃소싱하고 있지요. 다른 기업에 맡겨서 생산하는 것입니다. 애플은 자체 생산 공장을 갖고 있지 않습니다.

미국 정보통신 공룡기업인 애플코리아의 2023년 매출은 7조 5,240억 원, 영업이익은 5,600억 원에 달했습니다. 그렇다면 이 회사는 법인세를 얼마나 냈을까요? 2,006억 원을 냈습니다. 전체 매출의 2.7% 수준입니다. 주목해야 할 건 2022년도 법인세는 503억 원으로 전체 매출의 약 0.7%에 불과했다는 겁니다. 2022년도에 비해

2023년도에는 큰 폭으로 늘었음을 알 수 있습니다.

왜 이런 일이 벌어진 걸까요? 2022년도까진 애플이 조세회피처를 통해 세금을 의도적으로 줄이거나 이전가격을 높여 원가를 높이는 꼼수를 써서 영업이익을 줄였기 때문입니다. 이는 비단 애플만이 아닌 거의 모든 다국적 기업이 오래전부터 써 온 수법입니다. 구글, 페이스북도 예외는 아닙니다. 국세청에 따르면 지난 2020년 애플, 구글, 마이크로소프트, 아마존, 페이스북 등 세계적인 빅테크 기업 19곳의 국내 법인이 낸 법인세를 전부 합치면 1,539억 원입니다. 국내 기업인 네이버 한 기업이 낸 세금이 4,303억 원이었습니다. 국내 기업에 비해 터무니없이 적은 금액을 낸 것입니다. 이들 기업 19곳이 낸 세금은 네이버가 낸 세금의 35.9%에 그칩니다. 물론 2024년 현재 이런 상황은 상당히 개선됐습니다. 나중에 다룰 '디지털세' 등 각종 규제의 영향을 받았기 때문입니다.

이들은 매우 복잡한 과정을 통해 세금을 줄입니다. 보통 법인세율이 낮은 아일랜드 등에 법인을 만듭니다. 아일랜드의 법인세율은 12.5%로 OECD 회원국 평균 법인세율 23%의 절반에 불과합니다. 또, 이 법인을 관리할 회사를 버뮤다 등에 둡니다. 버뮤다 또한 법인세율이 0%입니다. 이렇게 하는 것은 아일랜드 세법상 관리회사가 있는 곳에 조세 관할권을 넘기기 때문입니다. 아일랜드 세법을 고려하면 버뮤다는 조세회피국으로 최적이지요.

법인세를 납부하는 기준이 되는 과세표준은 매출액이 아닌 이익입니다. 매출액이 아무리 많아도 비용이 늘어나면 이익은 줄어들겠지요. 빅테크 다국적기업이 이익을 줄이는 방식은 간단합니다. 지식재산권 사용료를 높게 책정해 아일랜드에 있는 법인에 보내는 방식이지요. 그렇게 되면 국내 지사의 이익이 줄어들게 되어 법인세를 그만큼 적게 내게 됩니다. 애플과 구글 등이 한국에서 막대한 매출을 올리고 있음에도 불구하고 납부하는 법인세가 쥐꼬리인 이유입니다. 상대적으로 법인세율이 높은 한국 대신 법인세율이 낮은 아일랜드 등으로 이익을 넘기는 것이지요.

'이전가격Transfer Price'은 다국적기업을 이해하는 데 있어 핵심적인 용어입니다. 모기업이 해외 자회사와 거래할 때 적용되는 가격을 말하는데요. 모기업과 해외 자회사 간에는 수많은 거래가 발생합니다. 원재료나 중간재를 주고받고 지식재산권 등 서비스를 주고받기도 합니다. 이때 적용되는 가격이 바로 이전가격입니다. 가령, 삼성전자는 베트남 소재 자회사에 반도체 등을 공급하겠지요. 이때 삼성전자 본사와 해외 삼성전자 자회사 간 거래되는 반도체 가격이 바로 이전가격입니다.

보통 다국적기업들은 조세 부담을 줄이기 위해 세율이 높은 국가에서는 이전가격을 높이고 그 반대의 경우엔 이전가격을 낮춥니다. 이런 방법을 사용하면 세금 부담이 덜한 나라에 다국적기업의 이익이 집중되고, 전체 기업의 납세액은 낮아지게 됩니다. 쉽게 설명하면 이렇습니다. 법인세율이 높은 국가의 지사는 모기업에 높은 이전가격으로 지급해 이익 규모를 줄입니다. 이익이 줄어든 만큼 세금은 적게 내게 되는 거죠. 만약 모기업이 있는 국가의 세금도 높다면 모기업을 세금이 낮은 국가로 옮기면 됩니다. 이런 식으로 해당 기업은 자신이 내야 할 세금을 대폭 줄이게 됩니다.

이전가격이 문제가 되는 건 모회사와 자회사가 특수 관계이기 때문입니다. 이전가격과 대비되는 개념으로 '정상가격'이 있습니다. 이는 아무런 특수 관계가 없는 기업과의 거래에 적용되는 가격을 말합니다. 다국적기업의 계열사 간 국제 거래는 본사의 이해에 따라 인위적으로 조작됩니다. 모기업은 원자재·부품의 판매 과정에서 가격을 조작하고 로열티, 자문료, 높은 이자 등을 통해 자회사의 영업이익을 낮추고 조세회피처나 본사가 있는 곳으로 수익을 이전합니다. 자회사가 창출한 부가가치는 그 기업이 있는 국가에 환원되는 게 아니라 제3국이나 모회사가 있는 국가로 이전되는 겁니다. 이는 엄연한 국부 유출입니다. 진출국의 법을 무력화하면서 다국적기업의 이익을 극대화하는 거죠.

한국지엠의 이전가격 문제

GM은 세계적 자동차회사입니다. 한국에서도 한국지엠을 운영하고 있지요. 한국지엠은 2018년 5월 군산 공장을 폐쇄했습니다. 그 후로 부평 · 창원 공장 등을 운영하고 있는데 이들 공장은 내연기관차만 생산합니다. 친환경 바람이 불면서 전기차가 대세가 되어가고 있지만 한국지엠은 미국 공장에서 생산한 전기차를 한국 시장에서 팔고 있습니다. 한국에서 전기차를 생산하고 있지 않고, 생산할 계획조차 밝히지 않고 있습니다. 이는 GM이 한국을 언젠가는 떠날 거라는 '철수설'의 근거가 되고 있죠.

GM의 문제는 또 있습니다. 바로 이전가격 문제입니다. 한국지엠은 과도한 연구개발비, 저가 수출 등으로 매출원가율이 상당히 높습니다. 매출액에서 차지하는 원가 비율이 높으니, 영업이익은 적자입니다. 게다가 본사에 과다한 이자를 지급함으로써 적자 폭이 커지고 있습니다. 한국지엠의 매출원가율은 95% 수준입니다. 매출원가란 제품을 생산하는 과정에서 발생한 모든 원가의 합을 말합니다. 재료비, 임금, 수도 · 광열비 등을 합친 금액입니다. 한국지엠은 100원어치를 팔면 95원을 원가로 지출하는 구조입니다. 2005~2014년에 평균 90.5%였던 매출원가율이 2015~2020년에는 평균 94.7%로 뛰어올랐습니다. 이런 구조에서 수익을 낼 수는 없겠지요.

왜 이렇게 매출원가율이 높은 걸까요? 첫째, 저가 수출입니다. 내수용 차의 경우는 매년 가격이 올라가지만, 수출용 차량 가격은 정체된 상태입니다. 일반적으로 임금과 물가는 매년 오르기 때문에 차량 가격도 시간이 갈수록 오르는 게 일반적입니다. 한국지엠도 내수용 자동차 가격은 계속 올리고 있습니다. 한데, 수출용 차량 가격만 유독 그대로인 거지요. 이는 이전가격에 문제가 있다는 합리적 의심이 들기에 충분한 일입니다. 수출가격이 낮아지면 한국지엠의 매출액은 줄어들 수밖에 없겠지요. 반면, 한국지엠에서 싸게 산 자동차를 정상가격에 파는 해외의 GM

은 돈을 벌겠지요. 한국지엠은 손해를 보고 해외 GM 기업은 이익을 보는 구조입니다.

이전가격 문제는 또 있습니다. 한국지엠은 막대한 연구개발비를 부담하고 있습니다. 한국지엠은 누가 봐도 납득이 안 되는 연구개발비 집행 방식을 택하고 있는데요. 글로벌GM의 국외 법인 연구개발비 중 일부를 한국지엠이 부담합니다. 한국에서 진행하지도 않은 연구개발에 한국지엠이 비용을 대는 거죠. 그럴 수도 있습니다. 해외에서 진행한 연구개발로 인한 이득을 한국지엠도 보고 있다면 말입니다. 가령, 미국 본사가 진행한 신차개발 연구를 통해 탄생한 차를 한국지엠이 생산하는 경우 같은 것입니다. 문제는 그 분담액이 과도하다는 것입니다. 2015~2017년 3년간 한국지엠이 지출한 연구개발비 1조 8,870억 원 중 58%가 한국지엠이 아닌 GM의 다른 국외 법인이 생산하는 차종을 위한 것입니다. 같은 기간에 한국지엠은 9,410억 원을 떠안았습니다. 전 세계 GM 회사 중 한국지엠이 차지하는 매출이 58% 정도로 높다면 이해가 갑니다. 하지만 전체 GM 매출에서 한국지엠의 매출액은 매우 적은 편입니다. 한국지엠은 매출액에 비해 과도한 연구개발비를 부담하고 있는 거지요. 이 때문에 한국지엠의 매출원가율이 높아질 수밖에 없는 겁니다.

여기에 본사에서 빌린 돈의 이자 비용이 추가됩니다. 모회사가 자회사에 돈을 빌려줄 수는 있습니다. 다만, 적정 이자율이어야 하죠. 한데, GM 본사는 한국지엠에 연 4.8~5.3%로 2016년까지 약 3조 원을 빌려줬습니다. 매우 높은 금리입니다. 당시 시장 금리의 두 배가 넘습니다. 같은 기간 GM 본사가 한국지엠으로부터 받아 간 이자만 5,150억 원에 달합니다.

미국 GM은 2002년 대우자동차 인수에 4억 달러, 2009년 자금난이 닥쳤을 때 유상증자로 4,912억 원을 투입해 2018년까지 총 9,200억 원을 투자했습니다. 큰 금액으로 보이지요. 하지만, 2017년까지 미국으로 가져간 각종 수익금은 3조 원 이상으로 추정됩니다. 이자 비용, 연구개발비 분담금, 본사 업무 지원비, 기술 사용료 등을 더한 금액입니다.

이런 상황인데도 GM은 2018년 영업환경 및 적자를 핑계로 군산 공장을 폐쇄했고 노동자 2,879명의 희망퇴직을 단행했습니다. GM 본사가 가져간 3조 원 중 일부라도 한국지엠에 남아 있었다면 한국지엠의 경영난이 지금처럼 심각하지는 않았을 겁니다.

디지털세

이런 불공정거래를 막을 방법은 없는 걸까?

이전가격 및 과도한 기술 사용료 등은 다국적기업이 자회사의 이익을 가로채는 전형적인 수단입니다. 사실, 물리적 재화를 생산하는 기업의 경우는 그나마 이런 부작용을 어느 정도 방어할 수 있습니다. 앞에서 언급한 정상가격을 근거로 과세당국이 이전가격의 적정성을 판단할 수 있기 때문입니다. 가령, 정상가격이 특수 관계의 기업에 판매하는 금액(이전가격)보다 지나치게 높거나 낮다면 이전가격의 부당성을 어느 정도 입증할 수 있습니다.

문제는 디지털 기업의 이전가격입니다. 디지털 자산은 눈에 보이지 않습니다. 변형도 쉽지요. 정형화된 물리적 재화와 달리 이전가격의 적정성을 판단하기가 쉽지 않습니다. 세무 당국의 검증이 쉽지 않은 이유입니다. 이런 이유로 빅테크기업들이 천문학적 수익에 비해 세금을 적게 낼 수 있었던 겁니다.

이런 일은 한국에서만 벌어진 게 아닙니다. 이들 빅테크기업들의 무대는 전 세계입니다. 이들이 진출한 국가 모두는 이런 피해를 보고 있는 거지요. 이에 OECD(경제협력개발기구)는 이른바 '구글세' '애플세'라 불리는 디지털세Digital Tax를 도입하기로 합니다. 이 합의에는 OECD 회원국을 포함해 141개국이 참여했으며 2023년부터 시행 예정이었습니다. 하지만, 2024년 2월 현재 주요국 대다수가 그 시행을 유예하거나 일부 조항만 시행하려는 움직임을 보이고 있습니다. EU, 영국, 캐나다, 호주, 한국, 일본 등은 일부 도입하고 있지만 미국은 의회의 반대로 비준과 입법에 어려움을 겪고 있습니다. 이는 아무래도 빅테크기업 대부분이 미국 기업이기 때문일 겁니다. 자국 기업이 해외에서 세금을 더 내는 걸 반길 국가는 없겠지요.

디지털세의 핵심은 특정 국가에서 벌어들인 수익만큼 그 국가에 세금을 내도록 하는 겁니다. 조세 원칙상 법인세는 고정된 사업장이 있는 곳에 부과하는데, IT 기업은 서버 소재지를 고정사업장으로 봅니다. 하지만, IT 기업은 네트워크를 통해 전 세계 어느 곳에서든 디지털 서비스를 제공할 수 있어 세율이 낮은 아일랜드 등에 서버를 설치함으로써 실제 이익을 얻는 국가에는 세금을 거의 내지 않습니다. 이런 관행을 막고자, 디지털 매출에 대해서는 법인세와 별도로 세금을 부과하겠다는 겁니다. 이것이 디지털세입니다. 법인이나 서버가 어디에 있든 매출이 발생한 지역에 세금을 내도록 하는 게 특징입니다.

조금 더 자세히 살펴보겠습니다. 디지털세 합의안은 크게 둘로 나눌 수 있습니다. 디지털세는 필라1Pillar1과 필라2Pillar2로 구성됩니다. 필라1은 매출이 발생한 시장 소재국에 과세권을 부여하는 것으로, 오는 2025년 이후 시행될 예정입니다. 고정사업장이 없다는 이유로 세금을 내지 않는 문제에 대한 해결책입니다. 필라2는 연결 재무제표상 매출액이 7억 5,000만 유로(약 1조 원) 이상인 다국적 기업의 소득에 최소 15% 이상 실효세율을 과세하는 것을 골자로 합니다. 1조 원 이상 매출을 올리는 기업이면 무조건 15% 과세하겠다는 겁니다. 2022년 12월 한국은 법제화를 끝냈고 2024년 1월 현재 한국, 베트남, EU 등이 시행하고 있습니다. 일본은 2024년 6월 시행 예정입니다.

필라2인 글로벌 최저한세Global Minimum Tax에 대해 자세히 알아보죠.

사례 1: 연간 연결 재무제표상 매출액 1조 원 이상인 기업 A가 실효세율이 10%인 나라에 자회사를 둘 때: 미달 세액

인 5%는 본사(모회사)가 있는 자국에 추가로 5%를 내야 한다.

사례 2: 같은 규모의 기업 B가 실효세율이 낮은 나라(10%)에 모회사를 두고 해외 자회사를 설립하였을 때 자회사는 미달 세액인 5%를 자회사가 있는 국가에 추가로 납부해야 한다.

즉, 본사와 자회사를 합친 매출이 1조 원을 넘는 다국적기업은 최소한 15%의 법인세를 내야 한다는 게 골자입니다. 법인세는 영업이익이 발생해야 내는 세금입니다. 법인세를 내지 않으려면 영업 적자를 내면 됩니다. 이익을 고의로 줄이는 편법이 생기는 이유지요. 최저한세율 15%는 이를 막기 위한 것입니다. 설사, 자회사가 영업 적자를 내서 자회사 소재국에 법인세를 내지 않았더라도 모회사가 영업이익을 내 법인세를 냈다면, 그리고 그것이 영업이익 15%에 미치지 못했다면 추가로 미달 세액을 자회사 소재국에 납부해야 한다는 겁니다.

이에 따라 번 돈에 비해 쥐꼬리만 한 세금을 내던 빅테크기업들에 정당한 과세를 할 수 있는 길이 열리게 됐습니다. 법인세율이 낮은 국가 즉 조세회피처에 돈을 묶어

두며 천문학적인 이익을 누리던 기업들의 호시절은 끝난 것입니다. 무엇보다 법인이나 서버를 운영하지 않으면서 특정국에서 상품이나 서비스를 팔아 매출을 올리면서도 해당국에는 세금 한푼 내지 않던 불합리한 점도 개선될 것으로 기대합니다. 매출이 발생해 수익을 올리면 그 나라에 세금을 내는 게 올바른 행태겠지요.

디지털세 사례는 다국적기업의 불공정 거래 행위에 어떻게 대응해야 하는지를 잘 보여주고 있습니다. 한 나라만 법을 고친다고 다국적기업의 불공정행위를 막을 수는 없습니다. 법적 규제가 없거나 덜한 나라로 모기업을 옮기면 그뿐입니다. 그도 여의찮다면 그 나라에서 철수하면 그뿐입니다. 혹은 그 나라에선 영업하지 않으면 되죠. 따라서 가장 좋은 방법은 전 세계가 연합해 대응하는 것입니다. 이들이 불법이나 편법을 저지를 수 있는 길을 국제 공조를 통해 원천 봉쇄할 수밖에 없습니다. 디지털세 사례는 이를 잘 보여주고 있습니다.

5장

세계화의 퇴조 가능성과 다국적기업

세계화는 영원할까?

이 물음은 다국적기업을 이해하는 데 매우 중요합니다. 세계화와 다국적기업의 번성은 밀접한 관계가 있습니다. 반대로, 세계화의 퇴조는 다국적기업의 쇠락으로 연결될 수 있습니다. 21세기 들어 세계화의 퇴조 흐름이 나타나고 있습니다. 이는 세계화를 이끈 선진국의 관점이 변하고 있어서입니다. 세계화를 이끈 것도 선진국이고 그것을 주춤하게 하는 것도 선진국입니다. 과거에 세계화로 인한 이익을 크게 봤다면 이제는 그로 인한 폐해에 집중하고 있는 겁니다.

이 세상에 절대적인 건 없습니다. 절대 선도, 절대 악도 없지요. 과거에 악으로 치부되다가 세월이 흐르면서 선으로 바뀌는 것이 있습니다. 혹시 '오버톤 윈도우Overton Window'란 말을 들어봤나요. 특정 의제에 대해 대중이 받아들일 수 있는 영역을 말합니다. 이는 불변이 아닙니다. 시대 상황에 따라 변합니다. 가령, 과거엔 대중이 수용할 수 없는 급진적 의제였더라도 시대가 바뀌면 자연스레 받아들이게 되는 경우가 있습니다. 동성애가 대표적입니다. 봉건시대였다면 절대 악으로 처벌받았을 겁니다. 오늘날엔 어떤가요? 이를 죄악시하지 않는 국가와 사람들이 늘어나고 있지요. 동성애에 관한 오버톤 윈도우가 그만큼 확장된 겁니다.

오버톤 윈도우는 움직이는 생물과 같습니다. 하지만, 특정 사안에 대한 대중의 인식이 아무런 기제 없이 바뀌는 것은 아닙니다. 보통은 특정 목적을 위해 특정 그룹이 의제를 제시하고 여론을 형성해 대중이 받아들일 수 있는 환경을 조성해 나갑니다.

다국적기업의 탄생과 일반화의 밑거름이 된 세계화 역시 마찬가지입니다. 세계화는 미국과 영국을 축으로 한 서구 선진국이 자신들의 필요로 밀어붙인 의제입니다. 이

의제는 대중의 인식을 바꿨습니다. 세계화에 대한 오버톤 윈도우가 확장된 것입니다. 대중들은 이제 세계화를 자연스럽게 받아들입니다. 거부할 수 없는 대세가 된 거죠.

주목해야 할 건 세계화의 흐름을 탄 다국적기업의 전성시대가 외려 대중의 반감을 자극하고 있다는 겁니다. 대중들이 다국적기업의 실체에 눈을 뜨기 시작했다는 얘기도 됩니다. 앞에서 말한 다국적기업으로 인한 부작용을 실감하게 된 거지요. 말로만 듣는 것과 실제로 경험하는 것에는 큰 차이가 있습니다. 다국적기업의 부작용을 경험한 국가와 사람들은 그 폐해가 얼마나 무서운지 잘 알고 있습니다. 어떻게든 감시와 견제를 해야겠다고 생각하겠지요. 이는 다국적기업의 힘이 강해질수록 더 커지게 됩니다. 영향력이 커질수록 부작용도 커지기 때문입니다.

문제는 이런 부작용을 한 나라만의 힘으로 고치기 어렵다는 데 있습니다. 다국적기업의 영업활동은 세계를 무대로 합니다. 설사 특정 국가가 다국적기업의 문제를 인식하고 강한 규제 정책을 편다 해도 그 실효성이 크지 않습니다. 다국적기업을 반기는 국가는 넘치기 때문입니다. 따라서 다국적기업의 부작용을 감시하고 견제하기 위해서는 국제적 공조가 절실합니다. 많은 나라가 상호 협조할수록 그 힘은 강해지겠지요.

다국적기업의 횡포를 막는 국제적 공조

다국적기업은 때론 법체계를 뒤흔드는 초월적 힘(횡포)을 갖기도 합니다. 인권유린, 부당노동행위, 아동노동, 뇌물공여 등이 대표적 사례입니다. 이런 다국적기업의 횡포는 생각보다 그 역사가 오래됐습니다. 이에 OECD 회원국을 비롯한 여러 나라가 참여해 'OECD 다국적기업 가이드라인'을 만들게 됩니다. 1976년에 제정됐고 2023년 6차 개정이 이루어졌습니다. 2023년 8월 현재 51개국이 참여하고 있지요.

이 가이드라인은 다국적기업에 사회적 책임을 부여하는 일종의 국제 규범이라 할 수 있습니다. 경제 · 사회 · 환경적 측면에서 긍정적 영향력을 높이고 부정적 영향을 최소화하도록 하겠다는 의지를 담고 있습니다. 가이드라인은 법적 구속력은 없습니다. 다만, 이 가이드라인을 수락한 국가들이 각자 설립한 연락사무소National Contact Point를 통해 다국적기업의 가이드라인 준수를 압박하고 있습니다. 한국에도 연락사무소가 있습니다. 연락사무소는 국내에 진출한 해외 다국적기업과 해외로 진출한 한국 기업들에 가이드라인을 자발적이고 적극적으로 이행할 것을 권고하고 있습니다.

가이드라인에는 정보 공개, 고용 및 노사관계, 환경, 뇌물 퇴치, 소비자 이익, 경쟁 및 조세 등에 관한 다국적기업의 행동 윤리가 담겨 있습니다. 총 11개 장으로 구성되어 있으며, 주요 내용은 다음과 같습니다.

· *진출국 법을 준수해야 한다.*
· *기업 활동과 관련한 모든 사항에 대한 정보를 공개해야 한다.*
· *인권을 존중해야 한다.*
· *기본노동권을 존중해야 한다.*
· *환경과 공중보건 및 안전에 대한 부정적 영향들을 예방하고 완화해야 한다.*
· *뇌물을 주고받지 않아야 한다.*
· *소비자 보호에 애써야 한다.*
· *기술의 이전, 지식재산권의 사용을 승인해 진출국 발전에 이바지해야 한다. 반경쟁적 행위를 하지 말아야 한다.*
· *적정한 조세를 부담해야 한다.*

2023년 개정된 내용 중 눈에 띄는 건 다국적기업은 국제적으로 합의된 기후변화 및 목표에 부합하는 환경 목표를 수립해야 한다는 겁니다. 그만큼 현재의 기후변화 위기에 대한 기업의 책임을 강조했다 할 수 있습니다.

어떤가요? 다국적기업들이 이 가이드라인만 잘 지킨다면 그들로 인한 문제는 생기지 않으리라 생각되지요? 하지만, 유감스럽게도 이 가이드라인엔 맹점이 있습니다. 말 그대로 가이드라인에 불과해 법적 구속력이 없습니다. 지키지 않아도 아무런 제재나 처벌이 없다는 거죠.

OECD 가이드라인의 의미

그럼에도 이 가이드라인에는 의미가 있습니다. 법적 구속력은 없지만 연락사무소가 '이렇게 저렇게 하는 게 좋겠다'라고 공적 권고를 할 수 있습니다. 또, 가이드라인 이행 여부를 점검하고, 이에 대한 진정이나 제소를 받습니다. 진정 건에 대해서는 조정이나 중재를 할 수 있고 제소 건에 대해서는 결론을 내릴 수 있습니다. 무엇보다 진정이나 제소에 대해 최종보고서를 만들어 대중에 공개해야 합니다.

이는 다국적기업의 행동에 어느 정도 영향을 줄 수 있습니다. 거대기업은 여론에 민감합니다. 기업 이미지를 위해 막대한 홍보비를 쓰지요. 따라서 기업을 둘러싼 이해관계자 간에 분쟁이 발생하면, 특히 그것이 소비자 보호나 인권 · 노동권 침해와 관련되어 있으면 민감하게 반응합니다.

예를 들어, 2021년 10월 한국 스타벅스(스타벅스코리아) 노동자들이 강한 노동 강도를 견디다 못해 트럭 시위를 예고한 적이 있습니다. 스타벅스가 각종 판촉 행사 등을 진행하면서 노동자들의 업무 강도가 지나치게 높아졌기 때문이었습니다. 이에 스타벅스 측은 제기된 문제에 대해 직원들에게 사과했고, 근무 환경 개선과 임금 체계 개선을 약속했습니다. 이는 연락사무소가 역할을 한 것은 아니었습니다. 그럼에도 스타벅스 사측이 빠르게 움직인 것은 대중의 여론이 얼마나 무섭다는 걸 잘 알고 있기 때문입니다.

이처럼 다국적기업은 회사의 명성과 브랜드를 소중히 생각합니다. 사회적 책임을 다하지 못하고 있다는 비난을 두려워하는 거지요. 그런 의미에서 연락사무소의 최종보고서를 대중에 공표하는 건 다국적기업의 행동을 바꿀 수 있는 동력이 될 수 있습니다.

사실 다국적기업이 저지르는 각종 횡포를 근본적으로 막을 방법은 없습니다. 국내법을 적용해 규제하더라도 외국 기업이기 때문에 자칫 국제분쟁으로 번질 우려가 있습니다. 핵심은 다국적기업에 대한 국제간 연대에 있습니다. 그렇지만 이 또한 쉬운 일이 아닙니다. 다국적기업은 주로 선진국 기업입니다. 강대국 기업들이지요. 그 나라들이 자국 기업들의 이익이 제한될 수 있는 규제 방침에 쉽게 동의할 거라 기대할 수 없습니다.

그렇다면 이들을 효과적으로 견제하는 방법은 없는 걸까요? 기업을 둘러싼 이해관계자 즉 노동조합, 소비자, 주주, 시민단체 등이 나설 수밖에 없습니다. 실제로 각국의 노동조합은 연대해 OECD 가이드라인에 대한 기본적인 이해를 높이고 연락사무소 활용법에 대한 교육을 강화하고 있습니다.

우리나라의 경우 국내에 진출한 외국 기업의 수가 수천 개에 달하고 매년 이들의 투자액이 수백억 달러를 넘나들고 있습니다. 정부와 노동계, 시민단체 특히 소비자의 견제와 감시가 강화될 필요가 있습니다. 동시에 해외에 투자하는 한국 기업도 늘고 있지요. 이들 역시 다국적기업입니다. 노동기본권 침해, 환경오염 등에서 벗어날 수 없겠지요. 이들 기업에 대한 감시와 견제 역시 필요합니다. 사회적 책임을 등한시하고 이익 불리기에만 관심 있는 기업이라면 그 국적이 어디든 비판받아야 합니다. 설사 그들이 한국의 국부 창출에 이바지한다고 해도 그 부가 타국과 그 국민의 희생과 피해를 전제로 한 거라면 비판받아 마땅하고, 그런 관행을 고쳐나가야 마침내 신뢰받는 기업이 되어 진출국에서도 지속 성장할 수 있기 때문입니다. 그것이 장기적으로 한국에도 득이 될 것입니다.

세계화가 영원할 수 없는 이유

탈세계화가 가속되면 다국적기업의 팽창세도 꺾이겠는데…

20세기는 누가 뭐래도 '성장의 시대'였습니다. 제2차 세계대전이라는 참화를 겪었지만 일본, 독일 등은 눈부신 성장을 이뤄 미국 등 기존 선진국을 따라잡았습니다. 그뿐만이 아닙니다. 수많은 신흥국이 그 뒤를 이어 남루함을 벗었습니다. 우리나라가 대표적입니다. 한국전쟁이라는 비극을 딛고 선진국 반열에 올랐습니다.

논란의 여지는 있지만 이는 세계화 덕분이었습니다. 세계화와 신자유주의는 20세기를 상징합니다. 국가 권력의 시장개입을 비판하고 시장 기능과 민간의 자유로운 활동을 중시하는 철학은 결국 물리적 국경을 무력화시키는 무역·자본 자유화로 연결되었습니다. 그것은 분명 힘을 가진 쪽의 필요에 의한 정치·경제적 의사결정의 산물이었고 그 부작용 또한 심각한 것도 사실입니다. 그럼에도 세계화로 인한 자본의 자유로운 이동과 무역의 확대로 세계가 한층 풍요로워진 것은 부정할 수 없습니다.

세계화를 가능하게 한 동력은 무엇일까요? 강대국들의 정치·경제적 필요성에 의해 세계화가 가시화됐다는 것을 부정할 사람은 없습니다. 하지만 우리가 간과하고 있는 게 있습니다. 기술의 진보가 없었다면 세계화는 불가능했습니다.

20세기 후반, 기술은 거의 무한 진보를 이뤘습니다. 그중에서도 통신과 운송 기술의 발전은 눈부셨지요. 혁신과 신기술, 자본이 제 역할을 하려면 그것이 전파·유통될 통로가 필수적입니다. 그런 의미에서 통신과 운송 기술의 진보야말로 성장의 촉진제였고 세계화의 주춧돌이었습니다. 이 두 기술로 세계화가 가능했습니다. 통신과 운송을

컨테이너 운송(출처: 위키미디어)

누구나 쉽게 또 값싸게 이용할 수 있게 되면서 국제 무역은 물론이고 인적 교류와 금융 거래 역시 비약적으로 발전하게 되었습니다.

인터넷과 전화, 컨테이너가 없는 세상을 생각해보십시오. 넷플릭스도 구글도 탄생하지 못했을 겁니다. 컨테이너의 발명 역시 세계 경제사를 바꿨습니다. 1970년대부터 대부분의 화물 운송 방식이 컨테이너 운송시스템으로 바뀌었습니다. 지금은 전체 물동량의 60% 이상이 컨테이너로 운송됩니다. 컨테이너가 없던 시절에는 크레인과 인력을 동원한 원시적인 방법으로 물건을 싣거나 내렸습니다. 이 과정은 시간도 오래 걸리고 막대한 노동력이 투입

돼야 했습니다. 컨테이너가 보급되면서 물류 혁신이 일어났습니다. 물건을 싣고 내리는 과정이 매우 단순해졌고 비용도 대폭 줄었습니다. 기술의 진보와 함께 세계화가 촉진된 겁니다.

탈세계화 조짐의 강화와 기술 진보

하지만 앞으로도 그럴까요. 21세기 들어, 지난 50년 동안 끊임없이 지속돼 온 세계화의 속도는 점차 느려지고 있습니다. 이에 더해 '탈세계화' 혹은 '지역화' 조짐까지 여기저기서 감지되고 있습니다.

탈세계화 흐름을 이끄는 것은 의외로 정치입니다. 강대국들이 자신들의 필요로 가속화시켰던 세계화 흐름을 이제 다시 역류시키려 하는 움직임이 나타나고 있습니다.

'브렉시트Brexit'는 이를 상징하는 하나의 사건입니다. 영국의 유럽연합 탈퇴를 의미하는 이 용어는 영국을 뜻하는 'Britain'과 탈퇴를 뜻하는 'exit'가 합쳐진 말입니다. 유럽연합은 유럽을 하나로 묶겠다는 웅대한 꿈이었습니다. 하지만 브렉시트가 현실화하면서 이 꿈은 부서집니다. 이는 세계화 대신 지역화 움직임이 가시화되었다는 것을 상징

브렉시트(출처: 위키미디어)

합니다.

미국도 다르지 않습니다. 트럼프 대통령을 알죠? 그는 신고립주의와 보호무역주의를 옹호함으로써 2017년 미국 대통령 자리에 오릅니다. 의외였지요. 미국이 세계 패권을 쥘 수 있었던 것은 자국이 가진 힘을 적극적으로 이용해 타국에 대한 영향력을 극대화했기 때문입니다. 그 수단 중 하나가 자유무역이었지요. 미국은 수많은 상품과 서비스를 수출도 하고 수입도 했습니다. 그 덕에 동아시아를 비롯한 각국이 발전할 수 있었지요. 하지만, 트럼프가 등장하면서 자유무역이란 가치는 서서히 그 빛을 잃어갑니다. 대신 그 자리를 고립주의와 보호무역주의가 차지하게 됩니다. 트럼프 시대에 미국은 끊임없이 타국과 무역마찰을 일으킵니다. 중국, 멕시코, 캐나다, 유럽, 일본, 한국 등 미국을 주요 수출국으로 하는 모든 나라가 대상이었지요.

이는 2021년 취임한 조 바이든 대통령 시대에도 크게 바뀌지 않았습니다. 자유무역 가치를 존중한다고는 하지만 중국에 대한 압박은 더욱 강화되고 있습니다. 중국 기업에 대한 제재는 날이 갈수록 심해지고 있고 최종적으로 중국산 제품에 대한 의존도를 크게 줄이려 하고 있습니다. 이는 물론 중국의 힘이 나날이 강해지는 것에 대한 견제의 일환입니다. 게다가 러시아와의 갈등도 깊어지고 있지요. 2022년 초 발발한 러시아-우크라이나 전쟁은 결국 러시아와 서구, 더 나아가 러시아와 미국의 전쟁일 수도 있습니다. 이런 움직임은 자칫 자본주의와 공산주의 진영으로 나뉘어 대립하던 냉전 시대로 세계가 회귀할 수도 있다는 것을 말해줍니다.

냉전 시대란 1960~1990년에 미국을 축으로 한 자유민주 자본주의 진영과 구소련을 축으로 한 공산주의가 대립하던 시기를 말합니다. 당시 세계는 철저히 둘로 나뉘어 대립했습니다. 러시아-우크라이나 전쟁은 그런 시대까지는 아니더라도 초강대국 간 분열이 불가피하다는 걸 말해줍니다. 러시아와 중국이 한 축, 미국과 서방이 한 축이 되어 서로 대립하는 시대가 본격화되었다고 말할 수 있겠지요.

이런 최근의 움직임은 무역과 자본 자유화로 상징되던 세계화의 퇴조를 의미합니다. 세계는 이미 탈세계화 혹은 지역화의 길로 들어서고 있는 겁니다.

그렇다면 탈세계화의 바람이 부는 원인은 무엇일까요? 우린 정치 · 경제적 원인만 생각하기 쉽습니다. 세계화는 불평등을 심화시켰습니다. 개인은 물론 국가 간 격차를 더욱 늘렸지요. 세계화의 수혜를 본 개인과 국가는 큰 이득을 얻었지만 그렇지 못한 개인과 국가도 많습니다. 불평등의 심화는 타국과 타국 기업에 문을 잠그는 원인 중 하나입니다.

미국이 보호무역주의로 일부 돌아선 이유를 살펴볼 필요가 있습니다. 얼핏, 미국은 세계화로 가장 큰 이득을 본 국가라 생각하기 쉽습니다. 맞습니다. 하지만, 생각보다 많은 미국인이 세계화로 피해를 보았어요. 세계화로 미국 기업들이 해외로 이전하면서 전통 제조업의 기반이 무너졌기 때문입니다. 혹시 '러스트 벨트Rust Belt'란 말을 들어봤나요? 미국 오대호 인근에 있는 옛 공업지대를 말합니다. 20세기만 해도 미국은 세계 최대 · 최고의 제조업 국가였습니다. 하지만 1960년대 이후 미국의 제조업은 동아시아 국가들의 약진으로 점차 쇠퇴합니다. 그 결과 이 지역은 고용이 심하게 축소되고 수많은 실업자가 생겨났지요.

러스트 벨트는 우리말로 '녹슨 지대' 다시 말해 '쇠락한 지대'를 의미합니다. 이는 부분적으로는 전통 제조업에서 미국이 경쟁력을 잃었기 때문이기도 하지만, 세계화로 인해 미국 제조업이 해외로 빠져나가고 또 일본, 한국을 포함한 신흥국 기업들이 세계화 바람을 타고 미국 시장을 잠식한 영향도 있습니다. 세계화로 인한 이득은 모든 미국 국민에게 골고루 나눠진 것이 아닙니다. 미국에서도 피해를 본 사람이 많았다는 거죠. 다시 말해, 세계화는 기업의 해외 이전을 자유롭게 했고, 이는 결국 자국 산업의 경쟁력 악화로 이어져 일자리가 사라지고 가계 소득이 감소하는 현상이 발생한 겁니다. 미국과 같은 선진국도 불만을 가질 수밖에 없다는 거죠.

이처럼 세계화는 의외로 선진국 국민에게도 고통을 안겨주었습니다. 생산시설이 해외로 이전하면서 수많은 노

러스트 벨트(출처: 위키미디어)

동자가 일자리를 잃었습니다. 이득은 다국적기업만이 취한 거지요. 이제 이에 대한 반성이 본격화되고 있는 겁니다.

기술 진보와 탈세계화

하지만 그것만이 원인은 아닙니다. 우리가 간과하고 있는 게 있습니다. 그것은 바로 기술의 진보입니다. 눈부신 기술 혁신이 탈세계화를 부추기는 주요 요인이 되고 있습니다. 지난 50년이 기술 진보로 인한 세계화 시기였다면 향후 50년은 또 다른 기술 진보에 의한 탈세계화 시대가 될 수 있습니다.

지난 세기 세계화가 필요했던 이유는 화석연료의 원활한 수급 때문이었다 해도 과언이 아닙니다. 20세기는 석유문명 시대였고 21세기에도 인류는 여전히 거기서 벗어나지 못하고 있습니다. 그럼에도 화석연료 시대에서 새로운 에너지 시대로의 전환은 가속화되고 있습니다. 이는 인류에게 절실한 과제입니다. 지구를 살리고 인류를 보존하기 위해서라도 화석연료 시대를 마감해야 한다는 데 대부분 국가들이 공감하고 있지요.

한데, 화석연료를 운반하지 않아도 충분한 에너지 공급이 가능하다면 세계는 어떤 모습을 하게 될까요? 현재와는 다른 모습을 갖게 될 것입니다. 화석연료가 완전히 사라지지는 않겠지만, 최종소비자와 가까운 곳에서 에너지를 생산하는 신재생에너지의 경제적 효익은 날이 갈수록 커질 것입니다. 에너지 수급을 위해 필수적이었던 세계화의 필요성이 그만큼 줄어들겠지요. 재생에너지는 세계화 대신 지역화를 부를 가능성이 큽니다.

탈세계화를 가속할 두 번째 기술은 3D 프린터입니다. 오늘날 제조업은 글로벌화되어 있습니다. 가장 큰 이유는 원가 절감에 있습니다. 임금과 재료비가 낮은 국가를 찾

3D 프린터(출처: 위키미디어)

아 수많은 기업이 생산기지를 옮겼습니다. 따라서 생산된 물품을 생산지에서 소비지까지 옮기는 물류의 중요성이 그만큼 컸습니다. 사실, 이런 생산과 소비 과정은 자원과 시간의 낭비를 초래합니다. 내가 사는 동네에서 생산할 수 있다면 물류비용과 시간을 아낄 수 있겠지요. 최종소비자 가까이에서 필요한 양만큼 생산할 수 있다면, 게다가 원가도 낮출 수 있다면 기존의 거대한 글로벌 제조 시스템의 필요성은 훨씬 낮아질 겁니다.

지금 3D 프린팅 기술이 그것을 현실로 만들고 있습니다. 이 기술의 가장 큰 장점은 유연성에 있습니다. 같은 장비를 사용해 완전히 다른 제품을 만들어낼 수 있습니다. 소프트웨어를 업데이트하고 기계 설비를 조금만 손보면 됩니다. 그 보급에 결정적인 장애물인 가격 또한 급격히 내려가고 있습니다.

이것은 지금과는 다른 제조 세계가 가까이 있음을 말해줍니다. 전문화된 공장에서 똑같은 물건을 대량으로 생산하는 대신에 로컬 제조업 센터에서 3D 프린터로 필요한 제품을 필요한 양만큼 만들어낼 수 있는 시대가 오고 있습니다. 전 세계를 대상으로 대량 생산되는 현 제조 시스템의 힘은 점차 약해질 것입니다. 미래엔 로컬 제조업체에 의한 다품종소량생산 시스템이 주류를 이룰 것입니다. 혹은 소비자가 필요한 제품을 직접 만들어 쓰게 될 수도 있습니다.

로컬 제조는 글로벌 제조를 완전히 대체할 수 있을까요? 그렇진 않습니다. 그러나 물류 총량은 분명히 감소하게 될 것입니다. 무엇보다 제조업체가 해외로 생산기지를 옮기는 '오프쇼어링Offshoring'의 유인이 줄어들게 될 것입니다. 오프쇼어링이 발생하는 가장 큰 이유는 인건비 부담이었습니다. 하지만 로봇이 발전하면서 기계가 인간을 급속히 대체해 가고 있습니다. 기업이 인건비 때문에 해외로 생산기지를 옮길 필요성이 줄어드는 것입니다. 가까운 미래엔 글로벌 제조보다는 로컬 제조가 대세가 될 수 있습니다. 세계화의 필요성은 그만큼 줄어들게 되겠지요.

마지막으로, 가상 · 증강현실 기술도 탈세계화를 부추길 수 있습니다. 통신 기술은 눈부시게 발전했지만, 여전히 미흡합니다. 우리는 이역만리 떨어진 곳에 있는 사람과 모니터를 보며 대화합니다. 함께 서류를 검토할 수도 있습니다. 놀라운 일이기는 하지만 직접 대면하는 것에는 미치지 못합니다. 가상 · 증강현실 기술이 이 갭을 줄여줄 수 있습니다.

가상현실(VR)로 우주탐험하기(출처: 위키미디어)

가상 · 증강현실 기술은 비즈니스 형태를 바꾸게 될 것입니다. 사람들은 이 기술을 이용해 가상 회의실에서 만나 현실 세계처럼 회의하게 될 것입니다. 상대의 표정, 목소리 톤, 몸짓 등을 직접 만난 것처럼 느낄 수 있어 가상 회의는 실제와 거의 다르지 않을 것입니다. 물리적 대면이 필요 없으니, 비즈니스를 위한 이동(출장)이 줄어듭니다. 물론 관광 목적의 여행도 지금보다 적어질 것입니다. 그에 따라 운송 인프라와 그것에 투입되는 자원이 줄어들게 됩니다. 세계화 필요성이 현저히 줄어들 수밖에 없는 거지요.

컨테이너, 선박, 제트여객기, 위성, 자본이 없었다면 세계화는 불가능했습니다. 유무형 기술의 진보로 세계화는 가능했습니다. 같은 이유로, 향후의 기술 혁신은 지역화를 가속할 것입니다. 재생에너지, 3D 프린터, 가상 · 증강현실, 로봇 기술의 진화는 우리를 지역화로 이끌 것입니다. 물론 기술만이 세계화와 지역화의 변수는 아닙니다. 정치적 판단 및 경제적 필요성, 국제무역협정 등도 중요한 결정 요인입니다. 하지만 기술의 진보는 정치와 경제의 지형을 종종 바꾸기도 합니다. 산업혁명이 세계를 바꿨듯이 말입니다.

기술의 변화 · 진보를 막아낼 수는 없습니다. 혁신은 가치가 있는 한 좀처럼 사라지지 않습니다. 정치적 의도가 그 흐름을 일시적으로 지체시킬 수는 있지만 역류시킬 수는 없습니다. 운송과 통신에 기초한 세계화는 또 다른 기술이 성숙할수록 약화될 것입니다. 기술은 세계화의 기본 원칙을 변화시키고 있습니다.

우리는 거대한 변화의 초입에 있습니다. 지난 50년이 세계화 시대였다면 향후 50년은 탈세계화 · 지역화 시대가 될 수 있습니다. 최소한 세계화 추세는 약화할 것입니다. 정치적 필요성과 새로운 기술이 그렇게 만들고 있는 거지요.

탈세계화 움직임과 다국적기업

트럼프 대통령 이후 미국과 중국 간 무역전쟁이 본격화되면서 미국은 중국 의존도를 줄이려 하고 있습니다. 중국의 경제력이 커지면서 글로벌 무대에서 영향력이 증가하자 견제할 필요성을 느낀 겁니다. 특히, 중국이 노동집약적 산업에서 첨단산업으로 전환을 시작하자 미국은 기술 패권은 물론 장기적으론 미국의 힘이 위협받을 수 있다고 생각하게 됩니다.

트럼프 대통령 시절 미국은 중국산 제품에 대한 관세를 대폭 높였고 지식재산권 침해 및 미국 안보에 대한 위협을 명분으로 차이나모바일, 화웨이 등 중국 대표기업에 대한 제재를 시작합니다. 이런 움직임은 바이든 행정부 들어서도 가속합니다. 2020년 코로나 팬데믹이 발생하자 세계는 일시에 공급망 병목 현상을 겪게 됩니다. 세계 여러 나라에서 봉쇄가 시작되면서 공장들이 멈추게 되죠. 국제 교역이 혼란에 빠지는 상황이 발생한 겁니다. 미국은 중국산 완구를 비롯해 휴지, 마스크 등을 구할 수 없는 상황에 부닥치게 됩니다. 이는 바이든 행정부가 공급망 재편을 가속하는 계기가 됩니다. 즉, 국가 운영을 위해 꼭 필요한 필수재는 어떻게든 자국 혹은 동맹국에서 생산해야 안정적인 수급이 가능하다고 생각한 거죠. 이에 바이든 행정부는 공급망을 다시 짜기 시작합니다. 중국 의존도를 줄이겠다는 거죠.

팬데믹이 오면서 각국은 주요 필수품이나 첨단제품의 국내 생산이 얼마나 중요한지를 뼈저리게 느끼게 됩니다. 한국도 그런 상황을 겪었지요. 마스크 품귀 현상이 발생했습니다. 사실, 마스크는 전염병 상황이 아니었다면 그리 중요한 물품이 아니었지요. 하지만 팬데믹이 오면서 그 중요성이 두드러졌습니다. 평소엔 평범한 물건일지라도 그것을 해외에 의존하는 게 얼마나 위험한지 알게 된 것입니다. 하물며 반도체와 같은 품목은 말할 것도 없겠지요.

리쇼어링 바람

비용 절감 등의 이유로 기업이 해외로 생산기지를 옮기는 것을 오프쇼어링이라 한다는 것은 앞에서 말했습니다. 반대로, 해외로 진출했던 기업이 다시 본국으로 돌아오는 것은 '리쇼어링Reshoring'이라 하죠. 세계화 바람을 타고 선진국 기업이 인건비와 생산비가 낮은 개발도상국으로 생산기지를 옮기는 붐이 불었었지요. 이제는 반대로 리쇼어링 바람이 부는 시대입니다. 진출국의 임금 상승, 규제 강화 등도 주요 이유겠지만 그보다는 정치적 이유가 더 크다고 할 수 있습니다. 핵심 산업에 대한 해외 의존이 얼마나 위험한가를 각국이 절감하고 있다고 할 수 있죠. 이는 의외로 세계화를 강하게 추진했던 선진국에서 불고 있습니다.

미국이 대표적입니다. 2022년 7월 말 미국 하원과 상원을 통과한 '반도체 칩과 과학법'은 8월 9일 조 바이든 대통령의 서명을 거쳐 본격 시행되고 있습니다. 이 법은 반도체산업 분야에서 중국에 대한 기술적 우위를 강화하기 위한 반도체 육성법안으로, 반도체와 과학산업에 2,800억 달러를 투자하는 것을 골자로 합니다. '반도체 지원법'으로 불리기도 합니다. 또, 바이든 대통령은 취임하자마자 앞에서도 언급했듯 삼성전자, 인텔, TSMC 등 세계적 반도체 회사는 물론 세계적 자동차업체와 애플 등 IT 기업의 경영진을 불러 백악관에서 반도체 공급망 회의를 열었습니다. 핵심은 이들 기업의 미국 내 투자를 촉진하겠다는 거죠. 이에 삼성전자도 미국에 거액을 투자하기로 했습니다. 실제로 텍사스에 반도체 공장을 건설 중입니다. 이런 미국의 움직임은 분명 리쇼어링 바람을 불러올 것이 분명합니다.

한국에서도 이런 움직임은 가시화되고 있죠. 삼성전자는 베트남에 있던 스마트폰 생산 설비 일부를 국내로 이전시켰습니다. 삼성전자가 제조 거점을 해외로 옮긴 후 국내로 다시 이전한 것은 이번이 처음입니다. 이는 2021년 여름 무렵의 일이었습니다. 삼성전자는 그전까지만 해도 국내 스마트폰 생산량을 꾸준히 줄여왔습니다. 하지만 2021년 베트남을 비롯한 글로벌 제조 거점이 코로나 팬데믹 영향으로 셧다운되며 생산에 차질을 빚자 전략 변화에 나선 것으로 보입니다. 삼성전자는 최대 생산기지인 베트남에서 삼성 전체 스마트폰의 약 60%를 생산하고 있습니다. 사실, 초거대기업이 생산에 문제가 생겨 소비자에게 적기에 공급하지 못한다는 것은 브랜드 신뢰도와 기업 평판에 부정적인 영향을 줍니다. 이에 삼성전자는 특정 지역에 치우친 생산 역량을 분산시켜 예외적인 이벤트가 발생했을 때 피해를 최소화하려는 전략을 택한 것으로 볼 수 있습니다. 예외적인 이벤트란 현지의 정치적 급변이나 전염병의 창궐 등을 말합니다.

2022년 2월 말 러시아는 우크라이나를 침공했습니다. 이 전쟁은 '세계를 하나로'를 기치로 내건 세계화가 얼마나 허약한가를 바로 보여주는 예입니다. 초강대국들은 자신들의 국익을 위해서는 전쟁도 불사합니다. 21세기지만 인류는 여전히 20세기의 전쟁과 냉전에서 벗어날 수 없습니다. 세계는 통일보다는 분열 양상을 보입니다. 이념 대결을 하는 거지요. 그 뒤에는 초강대국들의 패권을 둘러싼 대립이 있습니다. 러시아와 우크라이나의 전쟁이 어떤 식으로 끝나든 세계는 당분간 긴 분열의 시대로 돌아갈 가능성이 큽니다. 다시 말해, 지역화를 가속할 수 있다는 얘기입니다.

이는 평화와 신뢰를 전제로 한 세계화의 퇴조를 뜻합니다. 동시에 세계화 물결을 타고 번지던 다국적기업의 확장세가 주춤해질 수 있다는 것을 뜻합니다. 러시아의 우크라이나 침공에 대한 서방의 제재는 경제적 측면에 집중되고 있습니다. 미국과 서방 국가들은 러시아의 은행, 중앙은행, 기업에 광범위한 제재를 가하고 있는데, 핵심은 이들의 자산을 동결하고 거래를 끊겠다는 겁니다. 거래가 끊기면 러시아에 진출한 해외기업은 물론 해외로 진출한 러시아 기업 즉 다국적기업들의 교역이 멈춘다는 것을 뜻합니다. 수많은 다국적기업의 피해는 불 보듯 뻔합니다. 대표적인 사례가 현대기아자동차의 러시아 철수입니다. 우크라이나 전쟁 직전인 2022년 초만 해도 현대기아자동차는 러시아에서 무려 연 43만 대의 자동차를 판매했습니다. 하지만, 전쟁 직후 서방의 경제제재로 러시아 내수시장은 물론, 수출마저 막히면서 2023년 러시아에서 철수하기로 결정했습니다.

국가 간 갈등은 그것이 어떤 형태를 띠든 민간기업의

피해로 연결되기 마련입니다. 한국과 일본이 과거사 문제로 사사건건 대립하던 2019년 초, 느닷없이 일본은 한국에 대해 반도체 핵심부품 및 소재에 대한 수출을 통제합니다. 이런 일본의 꼼수는 물론 실패했습니다. 한국은 대체품을 찾았고 기술개발을 촉진해 핵심 소재 · 부품 · 장비의 국산화를 강력하게 추진했습니다. 일본의 노림수는 성공하지 못했고, 이 사건은 우리에게 큰 교훈을 남겼습니다. 그것은 해외의존도가 클수록 위기에 처할 가능성이 크다는 것이지요. 미국과 중국, 미국과 러시아의 갈등 역시 마찬가지입니다. 정치 지형이 급변하면 필수품을 비롯해 국가 안위 · 성장에 필수 불가결한 핵심 산업은 갈등을 빚고 있거나 그럴 가능성이 있는 상대국에 의존해서는 안 되겠지요. 이는 곧 자국으로의 기업 회귀를 부르는 하나의 요인이 됩니다.

탈세계화의 가속은 다국적기업 확장세의 퇴조를 부를 수밖에 없습니다. 그것이 정치적 이유라면 더욱 그렇습니다. 갈등을 빚는 국가에서 사업을 한다는 것은 너무 위험합니다. 이들은 어떻게 하든 사업하기 편한 나라(자국이나 자국과 관계가 좋은 나라)로 회사를 옮기려 하겠지요. 이때 가장 안전한 나라는 자국입니다. 자국만큼 자신들을 지원해 줄 나라는 그 어디에도 없죠. 그런 이유로 인건비 등이 상대적으로 비싸도 후한 지원과 격려를 받을 수 있는 본국으로 돌아가게 되는 겁니다. 피치 못할 이유가 없다면요. 이런 흐름은 강대국 간 갈등과 충돌이 격화될수록 한층 뚜렷해질 것입니다.

6장

다국적기업에 대한 기대

"기업의 존재 이유가 뭐야? 주주를 이렇게 무시해서 되겠어?"

"이번 주주총회에서 소액 주주의 본때를 보여 줘야지!"

주주총회가 열리는 3월이 되면 이런 대화를 자주 듣게 됩니다. 현재까지의 자본주의는 '주주가치 극대화' 또는 '주주 이익 극대화'라는 기치를 내걸고 발전해 왔습니다. 주주는 기업에 자본을 댄 사람이나 법인을 말합니다. 주주 이익 극대화란 결국 이들 주주의 이익을 최상의 가치로 여기며 이들을 위해 기업을 운영하는 겁니다. 주주는 자본을 댄 것에 대한 보상을 보통 두 가지 방식으로 받습니다. 하나는, 자신이 보유한 주식 가치가 상승해 얻는 이익이고 두 번째는 바로 기업이 거둔 이익을 주주끼리 나눠 갖는 배당입니다. 이 둘 모두는 기업 이익이 증가해야 가능하겠지요. 따라서 주주 이익 극대화라는 자본주의 가치를 실현하기 위해 기업은 어떻게 해서든 이익을 많이 내야 하는 겁니다. '이익을 많이 내는 기업이 곧 선善'이라는 등식이 성립하는 거죠.

"기업은 이윤을 높여야 한다. 그것으로 사회적 책임은 끝이다."

세계적 경제학자인 밀턴 프리드먼이 1970년《뉴욕타임스》에 기고한 칼럼에서 한 말입니다. 이 가치는 그 후 50년 이상 진리였습니다. '기업의 목적과 존재 이유는 무엇일까?'란 물음에 대한 정답으로 여겨졌습니다. 20세기는 물론 21세기에 들어서도 이것이 자본주의 기업의 윤리이자 철학이었습니다.

이윤을 높이려면 경쟁력을 갖춰야 합니다. 기술개발 등 혁신을 이뤄야 하고 원가도 낮춰야 합니다. 원가를 낮추는 방법은 많겠지만 그중 대표적인 게 바로 인건비 등 생

밀턴 프리드먼(출처: 위키미디어)

산비를 줄이는 겁니다. 이것이 바로 다국적기업이 번성하게 된 주요 이유지요. 다국적기업 대부분은 낮은 생산비를 찾아 해외로 진출합니다. 노동착취, 환경오염 등에 대한 규제가 비교적 약한 국가를 찾아 생산기지를 옮기는 거죠. 이렇게 원가를 절감해 얻은 이득은 고스란히 이들 기업의 주주, 특히 대주주의 호주머니로 들어갔습니다.

50년이 흐른 2020년, 세상은 여전히 주주 이익 극대화를 최상의 가치로 여길까요? 《뉴욕타임스》는 매우 흥미로운 기획을 합니다. '프리드먼의 생각에 동의하는지' 여부를 경영자와 경제학자들을 대상으로 설문조사를 한 겁니다. 이들은 어떤 답을 했을까요? 대체로 프리드먼 가치에 대한 비판이었습니다.

[하워드 슐츠 : 스타벅스 창업자]
"금융위기 당시 직원들의 헬스케어 비용을 삭감하라고 한 주주들이 있었다. 2013년엔 스타벅스가 동성애자 권리를 옹호하는 것이 주주 이익을 해친다고 비판한 주주도 있었다. 나는 그들에게 언제든 주식을 팔아도 된다고 말했다. 프리드먼의 답은 틀렸다. 그럼에도 그가 기업의 사회적 책임에 주목했다는 것은 의미가 있다."

하워드 슐츠의 말은, 비용을 줄이려 직원들의 복지를 훼손하는 것은 올바르지 않고, 기업이 동성애 등 기업 운영이나 이익과 관련 없는 사회적 의제에 목소리를 내는 것은 당연한 일이며, 프리드먼이 기업 이윤을 최상의 가치로 생각한 것은 틀렸지만 기업의 사회적 책임은 무엇인가란 질문을 던진 것은 의미가 있다는 뜻이었습니다.

[마크 베니오프 : 세일즈포스 창업자, 클라우드 서비스 개척자]
"나는 프리드먼이 한 세대의 최고경영자들을 세뇌했다고 생

각한다. 주주가치에 대한 집착이 가져온 결과는 끔찍한 경제·인종·건강의 불평등이다."

마크 베니오프는 신랄하게 프리드먼을 비판했습니다. 주주가치를 극대화한다는 것은 결국 자본을 투자한 주주들만 기업 이익을 갖는 것을 의미합니다. 이는 자본을 가진 사람과 갖지 못한 사람의 격차를 심화시켰지요. 인종 간 불평등도 악화시켰습니다. 자본가들은 대부분 백인이었고 다국적기업 대부분은 이들 소유였습니다. 이익은 백인들에게 집중된 겁니다. 건강도 마찬가지입니다. 기업 이익을 배분받는 주주들은 비싸고 질 높은 의료 혜택을 받을 수 있었지만 그렇지 못한 사람들은 그것에서 배제됐죠. 마크 베니오프는 '주주 자본주의'의 병폐에 주목한 겁니다.

《뉴욕타임스》의 설문조사 결과는 의외였습니다. 주주 자본주의에 대한 비판이 생각보다 많았기 때문입니다. 이 시대를 이끌어가는 기업의 최고경영자나 경제학자들이 지난 50년 동안 세계를 지배해 온 주주 이익 극대화라는 기업의 가치에 의문을 표했기 때문입니다. 하지만, 이런 움직임이 일반화된 건 아닙니다. 여전히 프리드먼이 신념처럼 여겼던 주주 자본주의를 옹호하는 목소리도 높습니다.

다만, 현시점에서 우리가 주목해야 할 건 '기업의 목적이 무엇인가?'란 질문에 대한 답이 서서히 바뀌고 있다는 겁니다. 사실, 어떤 가치도 영원하지 않습니다. 생각해보십시오. 과거엔 금기시되다가 현재는 당연시되는 것이 너무 많습니다. 여성 참정권은 말할 것도 없고 동성애 역시 점차 많은 사람이 받아들이고 있습니다. 주주 자본주의 역시 마찬가지겠지요.

그렇다면 기업의 목적은?

21세기 들어 기업의 사회적 책임에 대한 목소리가 높아지고 있습니다. 글로벌기업들은 '윤리' '양심' '공정'과 같은 단어를 빈번하게 사용하고 있습니다. 이런 움직임은 정치권에서도 가시화되고 있죠. 과거에 비해 기업의 사회적 책임을 강조하는 정치인들이 늘어나고 있습니다. 대표적으로 조 바이든 미국 대통령은 "주주 자본주의 시대는 끝났다"라고 선언했습니다. 기업의 존재 이유가 무엇인지에 대한 반성과 성찰이 일어나고 있는 겁니다. 심지어 중국의 시진핑은 '공동부유共同富裕'란 정책을 강하게 밀어붙이고 있습니다. '다 같이 잘사는 사회'를 뜻하는 공동부유는 반독점과 공정 경쟁을 기치로 내겁니다. 다시 말해, 특정 거대기업의 이익 · 시장 독점을 막겠다는 겁니다. 이 모두는 주주 자본주의가 국가 · 개인 간 심각한 불평등을 낳고 있다는 반성에서 출발합니다.

이런 반성은 의외로 주주 자본주의가 탄생한 미국에서 불이 붙었습니다. 미국에도 우리나라의 한국경제인협회와 같은 단체가 있습니다. 비즈니스라운드테이블BRT, Business Round Table이란 단체인데 미국 내 200대 기업의 이익을 대변하는 협의체입니다. 한데, 이 단체가 2019년 8월 매우 의미심장한 성명 하나를 발표합니다.

기업의 목적을 주주 이익 극대화에서 '이해관계자stakeholder의 번영'으로 바꾸겠다는 내용입니다. 이해관계자란 무얼 말하는 걸까요? 기업의 이해관계자는 많습니다. 주주는 물론이고 직원, 협력사, 지역사회, 소비자까지 포함됩니다. 그렇습니다. 기업의 성장은 주주, 특히 대주주만의 힘으로는 불가능합니다. 열심히 일한 직원, 납품업체를 포함한 수많은 협력사의 협조, 지역사회나 정부의 지원, 소비자들의 열성적 지원(구매 포함)이 있었기에 가능한 겁니다. 기업이나 주주들만의 힘으로 성장할 수 없습니다. 한데, 그 이익을 주주들끼리만 나눈다는 건 불공정하죠. 미국 대기업들은 이에 눈을 뜬 것입니다. 이런 이유로 미국 대기업들의 이익을 대변하는 협의체가 '기업의 목적'을 '기업을 둘러싼 이해관계자에게 이바지하는 것'이라 못을 박은 겁니다.

이 성명이 중요한 것은 현시대를 쥐락펴락하는 유명 대기업 최고경영자들이 대부분 참여했기 때문입니다. 아마존의 제프 베이조스, 애플의 팀 쿡, 제너럴모터스의 메리 배라 등 미국을 대표하는 CEO 181명이 참여했습니다. 또, 구체적인 실천 강령까지 제시했습니다.

['기업의 목적에 대한 성명' 실천 강령]

1) 고객에게 가치를 전달한다.

: 고객을 이익 추구가 아닌 가치 전달의 대상으로 본다는 겁니다. 이익 추구를 위해서라면 저품질의 제품을 높은 가격에 팔아야 합니다. 하지만 가치 전달을 위해서라면 고품질의 제품을 합리적인 가격에 제공해 고객 만족을 이끌어야 할 것입니다. 또, 생산·유통 과정에서 환경오염을 최소화해야 할 것입니다. 고객 건강을 고려해 건강한 원자재를 사용해야 할 것입니다. 이런 원칙을 지켜나가겠다고 약속한 겁니다.

2) 직원들에게 투자한다.

: 주주 이익 극대화를 위해서는 직원들에 대한 투자를 줄여야 합니다. 직원들의 복지나 재교육, 자기 계발에 들어가는 돈을 줄여야 합니다. 그래야 이익을 많이 남길 수 있기 때문입니다. 하지만 이제부터는 직원들에게도 기업 이익을 투자해 이들의 성장을 지원하겠다는 겁니다.

3) 협력업체와 공정하고 윤리적으로 거래한다.

: 협력업체나 하청업체를 수직적 상하관계가 아닌 수평적 협조관계로 보고 거래하겠다는 겁니다. 이익을 위해 협력업체의 납품 단가를 후려치는 일이 흔했지요. 이젠 그런 관행을 없애고 상호 협조하는 관계에서 상부상조하겠다는 겁니다.

4) 지역사회를 지원한다.

: 기업이 위치한 지역사회를 동반자로 본다는 것입니다. 지역사회는 기업의 성장에 필수적인 각종 자원을 제공합니다. 토지와 인력을 제공하고 세제 혜택 등의 지원을 하죠. 과거의 기업들이 이를 당연한 것으로 생각했다면 이제부터는 지역사회가 제공하는 각종 자원과 지원에 대해 보답하겠다는 겁니다.

5) 주주를 위한 장기적 가치를 창출한다.

: 주주에게 배당 등 금전적 이득만 주는 것이 아니라 명예로운 기업의 일원이라는 자부심을 주고, 기업의 지속 성장으로 얻을 수 있는 이득을 제공하겠다는 겁니다.

이런 움직임이 기업에만 있는 건 아닙니다. 이른바 '돈을 굴리는' 자산운용사에서도 활발하게 일어나고 있습니다. 자산운용사야말로 이익을 최상의 '선'으로 생각하는 조직입니다. 이런 회사에서 '이해관계자 자본주의'를 외친다는 것은 이례적으로 보이기도 하겠지만 그만큼 이 새로운 자본주의에 대한 공감이 확대되고 있다는 신호겠지요.

블랙록BlackRock이란 회사가 있습니다. 세계 최대 자산운용사입니다. 2023년 2분기 기준, 운용 자산 규모는 9조 4,252억 달러에 달합니다. 우리 돈으로 하면 1경 원이 넘습니다. 우리나라 2023년 GDP가 1조 6,740억 달러 정도입니다. 세계 3위인 일본의 GDP가 약 4조 2,700억 달러입니다. 얼마만큼의 돈을 운용하는 회사인지 감이 올 것입니다. 전 세계적으로 70여 개의 지사를 운영하고 있지요. 한데, 이 회사 최고경영자인 래리 핑크Larry Fink가 다음과 같은 말을 했습니다.

“이해관계자 자본주의는 바보가 아니다.”

블랙록은 최근 몇 년 동안 이른바 건전한 기업 즉 환경을 오염시키지 않고 사회적 책임을 다하며 건강한 지배구조를 갖추고 있는 기업들에 투자해왔습니다. 그는 “이해관계자 자본주의는 정치에 관한 것이 아니다. 그것은 사회적 · 이념적 의제가 아니며 멍청이도 아니다. 그것은 자본주의이며, 여러분과 당신의 회사 번영을 위해 의존하는 직원, 고객, 공급업체나 지역사회 간 상호 유익한 관계로 추진된다”라고 역설했습니다.

블랙록의 힘은 막강합니다. 천문학적인 투자 펀드를 운용해 전 세계 대기업 대부분에 투자합니다. 당연히 이들 기업의 대주주입니다. 해당 기업을 운영하는 경영자들로서는 블랙록의 행보에 관심을 기울이지 않을 수 없습니다. 만약, 블랙록이 투자금을 회수하면 주가는 폭락할 것이고 그에 따라 기업은 위기에 처할 수도 있기 때문입니다. 블랙록의 눈치를 보지 않을 수 없습니다.

ESG경영이란?

시사에 관심 있는 독자라면 요즘 'ESG경영'이란 말을 많이 들어봤을 겁니다. 이 용어는 앞에서 설명한 이해관계자 자본주의와 일맥상통합니다. '경영'이란 기업의 운영 방식을 말하는 거지요. 과거의 기업 운영 방식이 주주자본주의에 기초한 이익 추구에 있었다면 ESG경영은 기업의 사회적 책임에 방점을 둔 경영이라 보면 됩니다.

ESG의 E는 환경Environment, S는 사회Social, G는 지배구조Governance를 뜻합니다. 기업이 의사결정을 할 때 사회적 책임을 재무적 요소(이익 추구)와 함께 중요시한다는 것입니다. 사회적 책임이란 무엇일까요?

[환경]

탄소배출 저감, 폐기물 배출, 에너지 절감, 기후 변화 대응, 환경정보 공시 등입니다. 과거의 기업은 이익 추구에 몰두하면서 환경은 뒷전인 경우가 많았지요. 하지만, 이런 식의 경영은 더 이상 지속 가능하지 않다는 것입니다. 기업은 이익 추구 못지않게 환경 문제에 관심을 기울여야 한다는 겁니다.

[사회]

노동자 처우, 안전·보건 증진, 협력사·지역사회 동반성장, 소비자 권리보장 등 사회적·윤리적 문제에 관심을 기울여야 한다는 겁니다. 이해관계자 자본주의가 추구하는 것과 거의 같습니다.

[지배구조]

주주 권리 보호, 내부거래 감시, 감사기구·이사회 운영, 지배구조 평가 공시 등입니다. 쉽게 설명하면, 대주주의 전횡에서 기업을 자유롭게 하겠다는 겁니다. 지배구조는 사실 한국 기업에서 문제가 되고 있지요. 한국의 이른바 재벌들은 자신과 가족의 이익을 위해 기업을 사유물로 취급했습니다. 2세, 3세로 이어지는 기업 대물림은 물론이고 감사나 이사회를 장악해 자신들의 뜻대로 기업을 운영했습니다. 이런 가운데 소액 주주의 권리는 무시되기 일쑤였지요. 한 마디로, 총수나 대주주의 이익을 위한 기업 또는 그들의 전횡이 수시로 벌어지는 기업이었습니다. 이런 점을 개선하겠다는 겁니다. 총수나 대주주도 기업 이해관계자에 불과하니 감시와 견제를 받도록 하겠다는 겁니다.

이런 움직임은 자발적인 것만은 아닙니다. 각국 정부와 연기금을 포함한 자산운용사들이 ESG경영을 압박하기 때문이기도 합니다. 우리나라만 해도 금융위원회는 2025년부터 자산 총액 2조 원 이상의 상장사를 대상으로 ESG 공시 의무화를 시행할 예정입니다. 또, 2030년부터는 이를 모든 코스피 상장사로 확대하겠다고 발표했습니다. 또, 우리나라 국민연금공단 또한 기업의 ESG경영을 평가해 낮은 성과를 보이는 기업은 집중적으로 관리하겠다고 발표했습니다.

그때가 되면 해당 기업에 투자하는 사람들은 이들 기업이 얼마나 윤리적 경영을 하고 있는지 공시자료를 보고 판단할 수 있겠지요. 기업으로서는 압박을 느낄 수밖에 없을 겁니다. 가령, 환경을 오염시키거나 직원에 대한 처우가 불량한 기업, 또는 대주주가 전횡을 일삼는 기업이라면 국민연금공단 등 대규모 투자자는 물론 소액 투자자로부터도 외면당할 가능성이 커지는 겁니다.

ESG경영이 중요한 이유가 또 있습니다. 바로 자금 조달 때문입니다. 자산운용사와 은행 등 기업에 자금을 대는 금융기관이나 투자자들은 자신들의 투자 기준으로 해당 기업이 얼마나 ESG경영을 하느냐를 따지고 있습니다.

비윤리적 기업, 사회적 책임을 다하지 않는 기업에는 투자하지 않겠다는 거죠. 기업은 자금줄이 막히면 상당한 어려움을 겪거나 파산합니다. 기업들로서는 ESG경영에 관심을 두지 않을 수 없는 상황이 된 것입니다.

"기업의 시야가 너무 좁았던 점을 솔직히 반성한다."

2020년 말 한국의 유명 재벌 총수가 어느 강연에서 한 말입니다. 그는 기업이 돈을 버는 것에만 너무 치중해서 이해관계자들에 대한 공감 능력이 없었다고 강조했습니다. 또, "자기 좋은 것만 하는 것은 다른 가치를 무시하는 일이다. 그러면 사회가 기업을 벌하든지 기업이 사회를 무너뜨리게 될 것"이라고 했습니다. 그는 결론으로 기업의 새 역할을 찾겠다고 약속했습니다.

바로 SK그룹의 최태원 회장입니다. 이 그룹은 ESG경영을 표방한 대표적 사례입니다. 선언에만 그치지 않았습니다. SK는 'SK경영관리체계'를 2020년에 개정했습니다. 4년 만의 개정이었는데요. SK경영관리체계는 일종의 경영 헌장 즉 경영헌법이라 할 수 있습니다. 개정 내용은 기업 구성원뿐 아니라 고객, 주주, 사회 및 비즈니스 파트너

등 이해관계자의 행복 추구를 기업의 핵심 가치로 정했다는 겁니다. 이 내용은 SK 계열사 정관에도 반영됐습니다. 정관은 법인의 설립 목적, 조직, 업무 내용에 관한 규정을 담고 있는 문서입니다. 법인 내부에서 발생하는 모든 일은 정관을 근거로 해결합니다. 따라서 정관에 기재됐다는 것은 해당 기업이 실무적으로 이해관계자의 행복 추구를 목적으로 운영하겠다는 구체적 실천 의지를 나타낸다고 할 수 있습니다.

SK그룹은 ESG경영의 일환으로 친환경 산업에 100조 원 이상을 투자하겠다는 계획을 밝혔습니다. "2030년 전 세계 탄소 감축 목표량의 1% 정도인 2억 톤의 탄소를 SK그룹이 줄이는 데 이바지해야 한다"라고 밝히고 있습니다. 이런 SK그룹의 행보는 널리 주목받아 대학의 정식 교양수업 과목으로 개설되기도 했지요. 기업들이 사회적 가치를 추구하게 된 배경부터 기업이 실제 비즈니스에 이를 어떻게 접목하고 있는지 등을 다루고 있습니다.

ESG경영은 이제 우리나라에서도 거스를 수 없는 대세가 됐습니다. 특정 기업이 얼마나 사회에 이바지할 수 있는지가 기업 가치 결정의 기준이 된 것입니다. 특히 새로운 소비층인 MZ 세대는 '공정'이란 가치를 소중하게 여깁니다. 이들에게 기업은 그 실적 못지않게 얼마나 친환경적인지, 사회에 얼마나 이바지했는지, 얼마나 공정한 지배구조를 가졌는지가 중요합니다. 기업으로서는 이 트렌드를 무시할 수 없는 상황입니다. 이에 금융회사는 물론이고 이동통신사, IT 기업, 식품업계, 유통회사, 전통 제조 기업 등 거의 모든 기업이 ESG경영을 하겠다고 선언하고 있는 상황입니다.

이해관계자 자본주의가 부상한 이유는?

가장 큰 이유는 2008년 금융위기 이후 심화한 소득 양극화 현상입니다. 소득 불평등 문제는 그 이전부터 있었던 문제이긴 합니다. 하지만 금융위기 이후 이런 현상이 더욱 심해졌죠. 당시 금융위기의 원인은 리먼브라더스라는 거대 투자은행의 파산이었습니다. 한때 이 회사는 골드만삭스, JP모건과 같은 유명 투자 은행들과 어깨를 나란히 하던 기업이었습니다. 한데, 이런 큰 기업이 불법을 저지르며 상품을 팔다가 파산한 것입니다. 비윤리적 기업이 파산했는데 그 피해는 고스란히 서민과 중소기업이 떠안게 된 겁니다.

금융위기는 그 극복 과정에서 '대마불사大馬不死' 원칙이 적용됐습니다. GM, 포드, AIG 등 이름만 대면 알 수 있는 거대기업들은 정부 지원을 받아 살아남았습니다. 정부 지원에서 소외된 수많은 중소기업은 파산했지요. 대다수 서민의 삶도 나락으로 빠져들었습니다. 반면에 부자들은 더욱 부자가 됐습니다. '부익부 빈익빈' 현상이 깊어진 것입니다. 정부와 거대기업에 대한 대중의 분노와 실망감은 극에 달했습니다. 미국의 경우엔 2011년 "월가를 점령하라!"라는 시위가 거세게 진행됐습니다. 1% 기득권 세력이 모든 걸 차지하는 승자독식에 대한 99%의 분노가 폭발한 것입니다. 기업 특히 대기업에 대한 반감이 높아진 것입니다.

이는 기업들의 반성을 불러왔습니다. 자본주의의 성공 여부는 결국 소비자(대중)의 구매력에 의해 결정됩니다. 대중의 주머니가 마르면 이는 곧 구매력 저하로 이어집니다. 기업이 생산한 재화와 서비스를 팔 데가 점점 적어지는 거죠. 다수가 가난한 국가에서 성장은 불가능합니다. 이는 빈국의 GDP가 증명합니다. 소득 불평등이 깊어져 대기업과 극소수만 잘사는 사회라면 장기적으로 이들 역시 '부'를 유지하기 어렵습니다. 소기업이 사라지면 대기

2011년 '월가를 점령하라!' 시위 참여자들(출처: 위키미디어)

업 역시 타격을 받을 수밖에 없고, 대중들의 구매력이 하락하면 기업은 생존할 수 없습니다. 기업들이 이런 현실에 눈을 뜬 것입니다. 자신들의 지속 성장을 위해서라도 소득 불평등 문제가 완화될 필요가 있다고 느낀 거죠.

코로나 팬데믹도 영향을 끼쳤습니다. 영국의 《파이낸셜 타임스》가 주장한 겁니다. "팬데믹은 기업의 목적이 무엇인지에 대한 논란을 키웠다. 이해관계자 자본주의에 스테로이드 주사를 놓았다"라고 평했습니다. 팬데믹은 기업들에 커다란 위기이자 기회였습니다. 팬데믹 초기엔 기업은 가동을 멈췄고 일부 도시에서는 봉쇄가 시행됐습니다. 기업들은 주주의 단기적 이익을 위해 대규모 해고에 나설

2020년 코로나 팬데믹 당시 이탈리아 공항의 체온 검사(출처: 위키미디어)

것인지, 직원과 지역사회를 위해 고용을 유지할 것인지 결정해야 했지요. 이때 많은 기업이 고용유지를 택했습니다. 정부의 적극적 지원도 있었지만 심각한 위기 상황에서도 고용을 유지하는 게 장기적으로 기업 이미지에 긍정적으로 작용할 수 있다는 판단을 한 거지요. 무엇보다, 팬데믹으로 대기업과 중소기업의 격차는 더욱 벌어졌습니다. 거대 기술기업은 코로나바이러스의 습격에도 불구하고 승승장구했습니다. 반면에 중소기업은 코로나바이러스 직격탄을 맞으며 스러져 갔습니다. 수많은 식당과 여행 관련 업체, 소규모 공연 · 전시 기업들이 사라졌습니다. 이것이 대기업의 자성을 낳았고, 그들의 사회적 책임을 강조하는 목소리가 더욱 커지는 계기가 됐습니다.

소비자와 노동자의 태도 변화도 눈여겨봐야 합니다. 21세기 들어 일반 대중의 눈은 조금씩 가치 지향적으로 변화하고 있습니다. 환경은 보호해야 하고 노동자의 권리는 보장되어야 하며 기업은 공정해야 한다는 인식이 일반에 확산하고 있는 거죠. 소비자의 눈 밖에 난 기업은 살아남기 힘든 시대가 됐습니다.

남양유업이라는 회사가 있습니다. 이 회사는 갑질과 거짓 홍보로 악명이 높습니다. 2013년에는 영업사원이 대리점에 자사 물품을 강매하며 욕설 섞인 폭언을 하는 녹취록이 공개돼 파장을 일으켰지요. 2021년에는 자사가 판매하는 제품이 코로나바이러스 예방에 효과적이라고 발표했습니다. 하지만 곧 거짓임이 밝혀졌지요. 또, 육아휴직을 신청한 여성을 아무런 통보 없이 보직 해임하고 물류센터로 발령냈습니다. 이런 일로 물의를 빚자 회장은 회사를 매각하겠다고 기자회견까지 했습니다. 하지만 이 약속은 지켜지지 않았습니다.

대중은 분노했습니다. 불매 운동이 불같이 일어났고 주가는 반토막이 났습니다. 매출 역시 급감했습니다. 몇 년간 계속 감소한 매출은 2020년, 1조 원 이하로 추락했고 영업 적자를 기록했습니다. 한때 100만 원에 육박하던 주가도 대폭 하락했습니다. 유망했던 기업이 시들어 가고 있는 겁니다. 2024년 1월, 끝내 이 회사 주인이 바뀌었습니다. 모두가 사회적 책임을 무시한 결과라 할 수 있겠지요.

이해관계자 자본주의와 다국적기업

이해관계자 자본주의가 확산하면서 다국적기업의 행보도 빨라지고 있습니다. 과거의 주주 자본주의만 고집하다간 도태된다는 것을 알게 된 겁니다. 실제로 한국에 진출한 다국적기업들은 빠르게 변화하고 있습니다.

맥도날드는 기업 슬로건을 "더 나은 세상을 위한 작지만 큰 변화" "맥도날드는 좋은 품질의 맛있는 메뉴로 지역사회와 함께 성장한다"로 바꿨습니다. 또 식재료 품질과 공급, 우리의 지구, 지역사회 연계, 일자리 포용과 직원 개발이라는 4가지 변화를 추구하겠다고 밝혔습니다. 실제로 환경부와 다회용 컵 사용 확산 등 일회용품 사용을 줄이기 위한 자발적 협약을 맺었습니다. 이 밖에도 2020년 코로나 상황에서도 530명의 정규직을 채용하고 정규직 전환율을 전년 대비 3.4배 높였다고 발표했습니다.

이는 단편적인 예에 불과합니다. 거대기업일수록 여론의 눈치에 민감할 수밖에 없습니다. 따라서 거대 다국적 기업들은 향후 이해관계자 자본주의에 대한 이해를 바탕으로 사회적 책임을 더욱 의식하게 될 것은 확실합니다.

다만, 분명히 해야 할 것이 있겠지요. 기업이 변화하는 것은 단시간 내에는 불가능합니다. 아무리 이해관계자 자본주의가 대세가 된다 해도 기업의 근본적 존재 이유는 이익 창출에 있다는 것은 불변의 원칙입니다. 기업은 자선단체도, 봉사단체도 아닙니다. 숙명적으로 이익을 추구하는 조직입니다. 실제로 사회적 책임을 강조하다 자리에서 밀려난 최고경영자도 적지 않은 게 현실입니다.

영국 경제 전문지 《이코노미스트》는 이해관계자 자본주의를 주창한 기업들이 실제로는 환경법 · 노동법 위반 사례가 적지 않았다는 학계의 연구 결과를 소개하고 있습니다. 대부분 기업은 이해관계자 자본주의를 옹호하는 척할 뿐이란 거죠. 실제로 많은 기업은 이해관계자 자본주의를 표방하지만, 뒤로는 여전히 환경파괴나 노동착취 등을 버젓이 저지르고 있습니다. 무엇보다 규제가 강한 자국이나 선진국에서는 하지 못하는 불법적 혹은 비윤리적 행위를 저개발국이나 개발도상국 등 진출국에서 하고 있습니다.

관심이 절실한 이유

기업 문화가 어느 날 갑자기 바뀌는 것은 아닙니다. 자발적인 변화도 기대하기 쉽지 않습니다. 대중의 끊임없는 관심과 요구가 정치를 변화시키는 것이고, 정치가 마침내는 법률과 정책을 바꾸는 겁니다. 법률과 정책이 바뀌어야 기업이 변화합니다. 한국의 재벌이 그나마 변화를 시작한 것도 경제 민주화에 대한 대중의 강렬한 요구가 있었기 때문입니다.

이를 기억해야 합니다. 다국적기업은 그 자체로는 선도 악도 아닙니다. 다국적기업을 선한 기업으로 만드는 것은 결국 일반 국민의 끊임없는 관심입니다. 관심이란 견제와 감시를 말합니다. 이들이 사회적 책임을 다할 수 있도록 압력을 넣어야지요. 비윤리적 기업에는 매서운 회초리가 필요합니다. 우리나라의 다국적기업이 진출한 국가에서 저지르는 각종 불법적 · 비윤리적 행위에 대해서도 마찬가지입니다. 단기적으론 그런 다국적기업의 행위가 국익에 도움이 될 수 있을지 모르지만, 장기적으론 국가 이미지에 먹칠을 해 국익을 저해합니다. 그런 일을 막기 위해서라도 시민의 견제와 감시는 필요합니다. 그게 더 좋은 세상을 만드는 지름길입니다.

이해관계자 자본주의에는 타국을 배려하는 것도 포함됩니다. 타국은 경쟁자이기도 하지만 동반자이기도 합니다. 다른 나라를 일방적으로 수탈만 하거나 이익 추구의 대상으로만 삼아서는 관계 지속이 불가능합니다. 상부상조, 즉 협력이 중요한 이유입니다. 이런 점에서 다국적기업의 역할은 매우 중요합니다. 진출한 나라에서 선한 영향력을 발휘한 다국적기업은 그 자체로 국가의 격을 높입니다. 한국 기업이 진출국에서 호평받고 있다면 다른 한국 기업의 진출에도 긍정적인 영향을 주겠지요. 반대로, 진출국에서 악평을 얻고 있다면 그 나라의 누구도 한국 기업을 반기지 않을 겁니다. 다국적기업이 진출국을 동반자로 생각할 때 기업은 지속해서 성장할 수 있습니다. 동시에 모국과 진출국 간의 관계도 진정한 동반자로 격상될 수 있는 겁니다.

이해관계자 자본주의는 향후 기존의 주주 자본주의를 점점 대체하게 될 것이 분명합니다. 이제 대중은 기업에 더 많은 사회적 책임을 요구하기 시작했습니다. 이 도도

한 흐름은 마침내 기업을 변화시킬 겁니다. 비록 변화는 느리겠지만 방향은 명확합니다. 선한 기업만이 생존하면서 성장할 수 있는 시대가 오는 거죠. 이는 역사적 흐름입니다. 대세에 반하는 기업의 운명은 뻔합니다. 글로벌 다국적기업도 예외일 수 없습니다.